Denk-Pausen

Hermann Kügler/Gabriele Sander

Denk-Pausen

Geistliche Impulse für Konferenzen, Seminare und Tagungen

Matthias-Grünewald-Verlag · Mainz

Der Matthias-Grünewald-Verlag ist Mitglied
der Verlagsgruppe engagement

Die Deutsche Bibliothek – CIP-Einheitsaufnahme

Kügler, Hermann:
Denk-Pausen : geistliche Impulse für Konferenzen, Seminare und Tagungen / Hermann Kügler / Gabriele Sander. – Mainz : Matthias-Grünewald-Verl., 1999
ISBN 3-7867-2156-4

Umschlag: Matlik & Schelenz, Nieder-Olm
Foto: Carsten Costard, Mainz
Druck und Bindung: Fuldaer Verlagsanstalt

ISBN 3-7867-2156-4

Imprimi potest
Coloniae, die 30 septembris 1997
Praep. Prov. Germ. Sept. (P. Götz Werner SJ)

Inhalt

Teil II: Menschen-Themen

Vorwort

Dieses Buch ist aus den Erfahrungen entstanden, die wir beide in den Jahren 1991 bis 1997 als Geistlicher Leiter und als Theologische Assistentin der „Katholischen Studierenden Jugend" (KSJ) bei Konferenzen, Seminaren und Tagungen des Verbandes gemacht haben. Doch „fromme Bücher" gibt es nicht eben wenige. Soll deren Zahl also durch ein weiteres vermehrt werden, so ist zu begründen, dass hier etwas „geboten" wird, was nicht anderswo schon genauso gut oder besser gesagt und geschrieben wurde.
Und dies sind die folgenden geistlichen Impulse für Konferenzen, Tagungen und Seminare, die sich als Sprechtexte leicht auf verschiedene vergleichbare Situationen z.B. bei Ferienfreizeiten, Zusammenkünften, im Unterricht usw. anwenden lassen. Die Texte des ersten Teils stellen die Verbindung her zwischen einer biblischen Erzählung und dem heutigen Leben, die des zweiten Teils zeigen – ausgehend von einer Gestalt oder einem Thema – die geistliche Dimension einer Lebenssituation auf.
Danken möchten wir besonders Pater Lutz Hoffmann, Hamburg, der vor Jahren zusammen mit Beate Drücke den Anstoß zu diesen neuen religiösen Ausdrucksformen gegeben und die Grundlagen mitgelegt hat (er hat auch die Einleitung und verschiedene Texte mitverfasst), Simone D'Avis, Donatus Beisenkötter, Jutta Lehnert, unseren VorgängerInnen und NachfolgerInnen in der KSJ, vor allem aber den Jugendlichen in der KSJ für ihre Anregungen und ihre fruchtbare Kritik. Ihnen ist dieses Buch gewidmet.

Berlin und Bonn 1999

Hermann Kügler SJ *Gabriele Sander*

Einleitung

1. Vermutlich kennen Sie die folgende Situation, auch wenn Sie nicht FunktionsträgerIn eines kirchlichen Verbandes oder MitarbeiterIn einer Pfarrei sind: Sie sitzen vor Beginn einer Tagung oder Konferenz vor Ihren sieben Sachen, bereit, gleich an irgendetwas zu arbeiten, zu beraten, zu beschließen; und dann sagt jemand: „Bevor wir mit der Arbeit beginnen, wollen wir uns einen Augenblick besinnen." Aber wollen Sie das wirklich? Na ja, alle senken den Kopf, dann wird etwas Geistreiches vorgelesen oder vorgesprochen. Sie fragen sich: Warum gerade dieses? Danach fällt es allen schwer, den Übergang zur Tagesordnung zu finden.
Oder: Bei mehrtägigen Veranstaltungen werden die Teilnehmenden vor dem Frühstück zum Morgengebet in die hauseigene Kapelle des kirchlichen Bildungshauses eingeladen. Am ersten Tag kommt womöglich noch die Hälfte. Am zweiten sind es aufgrund von Ermüdung nach der vorabendlichen Feier oder nachlassender Sozialkontrolle schon weniger; und am dritten Tag versammelt sich bestenfalls noch ein kleines Häuflein von Priestern und/oder Theologen zur Pflichtübung auf nüchternen Magen. So kann ein geistlicher Impuls aussehen, muss er aber nicht.

2. Wir haben andere Beispiele erlebt: Da hing bei einer Jahreshauptversammlung ein Bild an der Wand, eine Punkerin. Der Junge, der es gemalt hatte, trat auf und sagte: „Das ist mein Marienbild; ich finde Maria toll, und ich finde das Bild toll." Und dann erklärte er in wenigen Zügen seine Vorstellung von Maria und was sie mit ihm und der versammelten Gruppe zu tun hätte.
Während er redete, war es mucksmäuschenstill. Alle haben ge-

spannt zugehört, und wir wetten: In den Köpfen ging es rund: Ja, das sehe ich auch so; nein, da bin ich anderer Meinung; so was Dummes, das ist ja toll … Was der Junge gesagt hat, war vermutlich weniger geistreich als der Text aus dem ersten Beispiel, theologisch bestimmt holpriger und weniger ausgefeilt. Aber er hat bei allen Anwesenden ihr Interesse, ihre „Lebenslage" getroffen; darum haben sie ihm zugehört.

3. Wer einen solchen geistlichen Impuls geben will, muss sich mehrere Dinge vorher klarmachen:

- Was will ich: Wissen vermitteln, Interesse wecken, nachdenklich machen, meditieren, Glauben bekennen, dies alles zusammen, nichts von dem und noch etwas anderes?
- Was für Leute habe ich vor mir? Wie alt sind sie, kennen sie sich oder sind sie zusammengewürfelt? Kennen sie mich, haben sie Übung in solchen Dingen? Wozu sitzen sie hier?
- Wie ist die Situation? In welchen Räumen befinden wir uns? Wie sind die Lichtverhältnisse? Kommen die Leute gerade erst an oder sind sie schon länger zusammen? Was ist vorher passiert und was kommt gleich darauf? Sind sie aufgekratzt oder müde? Ist es morgens, in der Mittagspause oder am Abend?

4. Nehmen wir als Beispiel die Jahreskonferenz eines Jugendverbandes, der KSJ (die „Katholische Studierende Jugend" ist der Schülerinnen- und Schülerverband in der katholischen Kirche): 150 bis 160 Jugendliche und junge Erwachsene kommen als gewählte Delegierte zusammen, um 5 Tage lang über die Zukunft ihrer Arbeit im kommenden Jahr zu beraten und zu beschließen. In den Beratungspausen zwischen den Sitzungen gibt es das Angebot eines „geistlichen Impulses". Zum Beispiel treten biblische Figuren auf und kommentieren die Beratungen in der Konferenz, oder Heilige aus der Geschichte unterhalten sich unter einer bestimmten Rücksicht über die heutige Zeit.

Wer will, hört zu; andere trinken ihren Kaffee oder unterhalten sich weiter auf dem Flur.
Unser Ziel wird es sein, die Gremienarbeit ein wenig zu „ordnen", ein zu ungestümes Hineinstolpern in den nächsten Tagesordnungspunkt zu verhindern und gemeinsam neue religiöse Ausdrucksformen zu erfahren. Anderes – Wissensvermittlung, Meditation usw. – erscheint uns zu schwierig in dieser Situation. Also versuchen wir, an den Erfahrungen der ZuhörerInnen anzuknüpfen und den Bogen zu spannen zwischen Bibel und Leben oder zwischen Historie und Gegenwart oder zwischen dem „Schon" und „Noch nicht" des Reiches Gottes.

5. Solche geistlichen Impulse sind nicht unbedingt jedes Mal ein Aufgalopp zu spirituellen Höhenflügen oder Ausdruck der theologischen Überzeugungen aller Beteiligten. Doch die Kraft von Metaphern und Bildern, die in einer sprachlich-kommunikativen Gesellschaft stark unterschätzt oder ans Fernsehen delegiert wird, ist offenbar geeignet, einen spirituellen Akzent im Ablauf einer vorrangig intellektuell-kopfigen Gremienarbeit zu setzen, der – anders als im ersten Beispiel – tatsächlich auch als solcher wahrgenommen wird.

6. Man muss nicht Priester sein und auch nicht Theologie studiert haben, um solche geistlichen Impulse zu geben. Prinzipiell „darf" und kann das jeder. Man darf nur nicht mehr bei den anderen anstoßen wollen, als man bei ihnen auch selber bewegen kann, will sagen: Wenn das abstrakt Ideale nicht erreichbar ist, hilft vielleicht das Optimale in den gegebenen Umständen weiter; wenn das Festmenü unerschwinglich ist, macht vielleicht die „heiße Tasse" für zwischendurch Appetit. Aus solchen Erfahrungen sind die vorliegenden Impulse entstanden. Alle wurden, meist mehrfach, bei verschiedenen Konferenzen, Seminaren und Tagungen mit Jugendlichen und Erwachsenen erprobt.

7. Noch ein paar Hinweise zum praktischen Ablauf:
- Günstig ist es, wenn die Sprecherinnen und Sprecher ihren Text rechtzeitig erhalten. Dass die Vortragenden ihren Part auswendig lernen, wird selten möglich und machbar sein. Doch hilft es für einen lebendigen Vortrag, den Text vorab schon einmal durchzulesen.
- Wenn Materialien erforderlich sind, haben wir darauf geachtet, dass sie leicht zu beschaffen sind. Auch hier kann man meist improvisieren.
- Ob man bei einer Tagung oder Konferenz für den geistlichen Impuls in der Pause in das Foyer wechselt oder die nächste Arbeitseinheit im Tagungsraum damit beginnt, wird sich ebenfalls nach den konkreten zeitlichen und räumlichen Gegebenheiten richten.
- Wo ein Text für eine bestimmte Situation entwickelt wurde, lässt er sich meist leicht für eine ähnliche umändern. Denn Situationen und Menschen ändern sich von Gelegenheit zu Gelegenheit.

Deshalb wünschen wir uns, dass Sie als BenutzerIn dieses Buches eigene Erfahrungen sammeln. Es geht nämlich von Mal zu Mal leichter!

TEIL I: BIBEL-GESCHICHTEN

Noah (nach Gen 9, 1–17)

Worum es geht: Bewahrung der Schöpfung
Personen: 5 (Sprecher/in 1+2, Noah, Buch, Gottesstimme)
Sprechdauer: ca. 6 Minuten

SPRECHER/IN 1: „Die Schöpfung bewahren, damit alle leben können" – dieses Leitthema haben wir aufgegriffen und uns zu diesem geistlichen Impuls inspirieren lassen.

SPRECHER/IN 2: „Die Schöpfung bewahren, damit alle leben können": Wenn ich euch um ein kurzes Statement bitten würde, würde sicher den meisten Leuten etwas dazu einfallen. Denn Frieden, Gerechtigkeit, Bewahrung der Schöpfung sind Schlagwörter, die – denke ich – viele von uns beschäftigen und die für uns *als Verband (Gemeinde, Gruppe)* wichtig geworden sind. Frieden, Gerechtigkeit, Bewahrung der Schöpfung sind Kriterien, anhand derer wir Gesellschaft sehen und bewerten.

SPRECHER/IN 1: Dass zwischen Theorie und Praxis, Paradies und Realität, Traum und Wirklichkeit Welten liegen können, ist nicht erst eine Erfahrung unserer Zeit, sondern scheint zu den Grunderfahrungen der Menschen zu gehören. Von solchen Erfahrungen erzählt auch schon das Alte Testament. Unser Zeitzeuge ist in diesem Fall Noah.

NOAH: Hey, hallo, ich bin Noah, der Noah mit der Arche. Na ja, vermutlich kennt ihr mich eh alle. Wie ihr seht (*ZEIGT UM SICH HERUM*), ist die Erde wieder trocken und die Arche leer. Menschen und Tiere an Bord haben die Sintflut heil überstanden. Nur: Was kommt jetzt? Die Ungewissheit, wie die

Sache mit der Flut ausgehen wird, ist vorbei. Und die Zeit, in der ich mich um Tiere und Menschen an Bord kümmern musste, auch. In den ersten schlaflosen Nächten auf trockenem Boden bin ich in der Arche umhergelaufen und habe in einer Ecke ein altes Buch gefunden. Es beginnt mit Geschichten, wie sich die Menschen damals die Erschaffung der Welt vorgestellt haben.

„BUCH": Am Anfang schuf Gott Himmel und Erde; die Erde aber war wüst und wirr, Finsternis lag über der Urflut und Gottes Geist schwebte über den Wassern.

NOAH: Dann wird in dieser Geschichte beschrieben, wie Gott die Zeit, Himmel und Erde, Wasser und Land, Pflanzen und Tiere und die Menschen erschafft ... Anscheinend kennt ihr die Geschichte auch? Na ja, wie auch immer, ganz spannend finde ich noch die Sache mit der Erschaffung des Menschen. Da steht hier:

„BUCH": Gott schuf also den Menschen als sein Abbild; als Abbild Gottes schuf er ihn. Als Mann und Frau schuf er sie und sprach zu ihnen: „Seid fruchtbar und vermehrt euch, bevölkert die Erde, unterwerft sie euch und herrscht über die Fische des Meeres, über die Vögel des Himmels und über alle Tiere, die sich auf dem Land regen. Dann sprach Gott: Hiermit übergebe ich euch alle Pflanzen, die Samen tragen zur Nahrung. Allen Tieren des Feldes, allen Vögeln des Himmels und allem, was sich auf der Erde regt, gebe ich alle grünen Pflanzen zur Nahrung." So geschah es. Gott sah alles an, was er gemacht hatte: Es war sehr gut.

NOAH: Es war sehr gut ... Das glaube ich gern, es hört sich auch einfach sehr gut an. Den Menschen, die das aufgeschrieben haben, scheint es ähnlich ergangen zu sein. Jedenfalls haben sie dieser Geschichte eine andere folgen lassen, die von einem großen Garten erzählt, in dem die Menschen ein Leben in Fülle hatten. Paradiesische Zustände!
Heute nach der großen Flut sieht alles ganz anders aus. Ich

finde die Geschichten zwar schön. Und angesichts des Chaos tröstet mich der Gedanke, wie gut der Plan ist, der in dieser Geschichte allem zugrunde liegt. Nur: In dieser Form lässt sich die Welt nach der Flut nicht mehr ordnen.

GOTTESSTIMME: Hallo, Noah!

NOAH: Meinst du mich?

GOTTESSTIMME: Ja, dich meine ich. Ich habe deine Rede gehört und deine Ratlosigkeit gesehen. Deshalb höre:

Ich will dich, deine Frau, deine Söhne und Töchter segnen: Seid fruchtbar, vermehrt euch und bevölkert die Erde.

Furcht und Schrecken vor euch soll sich auf alle Tiere der Erde legen, auf alle Vögel des Himmels und auf alle Fische des Meeres; euch sind sie übergeben. Alles Lebendige, das sich regt, soll euch zur Nahrung dienen. Alles übergebe ich euch, wie die grünen Pflanzen.

Aber ich sage euch auch, euch sind Grenzen gesetzt. Habt Achtung vor dem Leben! Tiere und Pflanzen sollen euch zur Nahrung dienen. Ich gebe sie nicht eurem Raubbau preis.

Ich will einen Bund schließen mit dir und deiner Frau, deinen Söhnen und Töchtern, mit euren Nachkommen, mit allen Lebewesen bei euch, mit den Vögeln und dem Vieh und allen Tieren des Feldes, die mit euch aus der Arche gekommen sind. Nie wieder soll eine Flut kommen und die Erde verderben.

Und das ist das Zeichen des Bundes, den ich stifte zwischen mir und euch und den lebendigen Wesen bei euch für alle kommenden Generationen: Meinen Bogen setze ich in die Wolken. Er soll das Bundeszeichen sein zwischen mir und der Erde.

NOAH (*SCHLUCKT EIN PAAR MAL, FRAGT LANGSAM BEGREIFEND*): Ein Bund mit Gott? Eine neue Ordnung nach der Flut? Wieder festen Boden unter den Füßen? Jenseits des Paradieses segnet Gott Menschen, Tiere und die Erde und verspricht, für sie Sorge zu tragen?

Eine realistische Ordnung, die doch allen Leben verspricht: Nicht mehr alle Menschen sind zwangsweise Vegetarier. Auch die Tiere sind den Menschen zur Nahrung gegeben. Wichtiger noch, der Mensch kann sich nicht länger als Beherrscher der Schöpfung missverstehen. Ihm sind deutliche Grenzen gesetzt. Gott schließt seinen Bund mit allen Lebewesen, mit der ganzen Erde. Der Mensch ist Teil der Schöpfung.
Ein neuer Bund mit Gott, Gottes Bogen in den Wolken zeigt den Weg in die Zukunft. Wenn das kein Grund zum Feiern ist!

Hagar (nach Gen 16)

Worum es geht: Engel zu Besuch bei Hagar
Personen: 4 (Sprecher/in 1+2, Engel, Hagar)
Material: eventuell ein großes Engel-Bild oder Engel-Postkarten für alle
Sprechdauer: ca. 6 Minuten

SPRECHER/IN 1: Vielleicht habt ihr euch schon über das Engel-Ambiente gewundert. Des Rätsels Lösung: Ich wurde von dem Thema des geistlichen Impulses bei *dieser Konferenz* inspiriert. Es soll um Engel gehen.
SPRECHER/IN 2: Ein Blick in die Kunstgeschichte zeigt, dass Engel Menschen zu allen Zeiten begleitet haben. Denkt an die Putten im Barock. Nun scheinen die Engel in unser aufgeklärtes Zeitalter zurückzukehren – im Film, in der Werbung, in der Esoterik …
SPRECHER/IN 1: Keine Sorge! Im Folgenden wird es weder um das Wesen der Engel an und für sich gehen noch um den Versuch einer Zuordnung, zu welcher Sphäre sie nun gehö-

ren. Wir werden auch keine rührseligen Geschichten von Engelchen erzählen.

SPRECHER/IN 2: Lasst uns vielmehr auf den Spuren der Engel im Alten und im Neuen Testament gehen.

SPRECHER/IN 1: Die Suche nach den Engeln in der Bibel führt uns zunächst in die Zeit der Erzmütter und der Erzväter, genauer gesagt zu Sara und Abraham. Sara und Abraham leben als Halbnomaden mit ihrer Sippe und ihrem Vieh, das ihren Reichtum darstellt, im nordwestlichen Negev, in Südjuda.

SPRECHER/IN 2: In der folgenden Geschichte hören wir von einer jungen Ägypterin namens Hagar, einer Sklavin Saras. Ihr begegnet in der Wüste der Bote des Gottes, der sich als „Ich bin da" offenbart.

ENGEL: Hagar, Sklavin der Sara, woher kommst du und wohin gehst du?

HAGAR: Ich bin aus der Knechtschaft Saras geflohen. Sie zwang mich, die Leihmutter ihres Kindes zu werden. Das habe ich ja noch mit mir machen lassen. Aber als ich merkte, dass ich schwanger war, ging eine Veränderung in mir vor, so, als wenn das neue Leben in mir mich wachgerüttelt, mir die Augen geöffnet hätte.
Ich wollte nicht länger wie eine Sache behandelt werden, sondern ich spürte, ich bin ein Mensch. Plötzlich sah ich die Welt mit anderen Augen. Ich war nicht länger bereit, das Spielchen von Sara und Abraham mitzuspielen. Das Kind ließ mich meine Würde wieder entdecken und gab mir den Mut, für unser beider Würde zu kämpfen. In gewisser Weise machte es mich auch mächtig Sara gegenüber. Ich hatte etwas, was sie niemals würde haben können. Manchmal tat Sara mir auch Leid, die Herrin einer großen Sippe, deren ganze Macht und deren ganzes Ansehen davon abhing, ob sie schwanger wird und einen Sohn zur Welt bringt.

ENGEL: Und wie reagierte Sara?

HAGAR: Sara spürte die Veränderungen, die in mir vorgingen, und das machte sie rasend. Sie war neidisch und eifersüchtig auf das Kind in mir. Langer Rede kurzer Sinn: Sie demütigte und quälte mich, wo sie nur konnte. Schließlich hat Abraham mich im Auftrag seiner eifersüchtigen Frau verstoßen. Ich musste meine Siebensachen packen und gehen.

ENGEL: Gott hat auf dich gehört in deinem Leid. Du sollst die Mutter eines großen Volkes werden. Deine Nachkommen will ich so zahlreich machen, dass man sie nicht zählen kann. Dein Kind wird ein Sohn werden, ihm sollst du den Namen Ismael, d.h. „Gott hört“, geben.

HAGAR: Was war das für eine Begegnung? Kann es einen Gott geben, der mein Handeln gutheißt, der mich in meiner Sehnsucht nach Freiheit unterstützt? Habe ich hier wirklich den gesehen, der nach mir schaut? Ja – so will ich diesen Gott nennen: Gott, der nach mir schaut! Und auch diesem Brunnen will ich einen Namen geben: Brunnen des Lebendigen, der nach mir schaut – ja so soll er heißen!

SPRECHER/IN 1: Die Bibel erzählt weiter, dass Hagar einen Sohn bekam, den sie Ismael nannte, und dass dieser Ismael Stammvater eines großen Volkes wurde.

SPRECHER/IN 2: Und die Moral von der Geschicht'?

SPRECHER/IN 1: Na überleg mal!

SPRECHER/IN 2: Der Engel hatte keinen Namen, er hieß einfach nur der Bote Gottes. Für Hagar scheint es nicht so klar zu sein, mit wem sie spricht, mit Gott oder mit seinem Boten. Von der Botschaft her betrachtet ist es eigentlich auch egal. Der Engel bringt Hagar in Kontakt mit ihrem Gott, dem Gott, der nach ihr schaut und ihr so hilft, sich aus der Knechtschaft zu befreien.

SPRECHER/IN 1: Aus einer dreifachen Knechtschaft: Gott schaut nach einer Sklavin, einer Rechtlosen. Der Engel erscheint einer Ausländerin und sagt ihr Gottes Solidarität zu. Der Engel verheißt einer Frau, Mutter eines großen Volkes zu werden. Diese Segensverheißungen ergehen sonst nur an die Erzväter. Indem sie dem Brunnen einen Namen gibt, wird sie Gründerin einer heiligen Stätte.

SPRECHER/IN 2: Fazit: Wer Ohren hat zu hören, der höre ... oder: Lasst uns mit offenen Augen und Ohren für die Punkte, an denen wir uns selbst als versklavt erleben, und für die Zeiten und Orte, an denen wir andere knechten, zurück an unsere Arbeit gehen.

Und Sara lachte (nach Gen 18, 1–16)

Worum es geht: Engel zu Besuch bei Sara und Abraham
Personen: 7 (Sprecher/in 1+2, Abraham, Sara, 3 Engel)
Material: eventuell Zelt o.ä. (z.B. Decke) und ein großes Engel-Bild oder Engel-Postkarten für alle
Sprechdauer: ca. 5 Minuten

SPRECHER/IN 1: Die Suche nach den Engeln in der Bibel führt uns in diesem geistlichen Impuls in die Zeit der Erzmütter und der Erzväter, genauer gesagt zu Sara und Abraham. Sara und Abraham leben als Halbnomaden mit ihrer Sippe und ihrem Vieh, das ihren Reichtum darstellt, im nordwestlichen Negev, in Südjuda. Beide sind alt geworden und können auf ein erfülltes Leben zurückblicken. Das Einzige, was ihnen zu ihrem Glück fehlt, sind gemeinsame Kinder.

SPRECHER/IN 2: Es ist um die Mittagszeit. Sara und Abraham sitzen in ihrem Zelt, dösen in der Sonne und ruhen sich in der heißesten Zeit des Tages aus.

ABRAHAM: Mensch, Sara, guck doch mal dahinten! Siehst du dort den Fremden mit seinen beiden Begleitern?

SARA: Natürlich sehe ich ihn. Es sieht so aus, als würden wir Besuch bekommen. Die Sonne steht fast im Zenit und die heißeste Zeit des Tages bricht an. Abraham, geh und lade die Fremden in unser Zelt ein.

ABRAHAM (*LÄUFT AUF DIE FREMDEN ZU, VERNEIGT SICH TIEF*): Mein Herr, wenn du mir eine Gunst erweisen willst, dann geh nicht an meinem Haus vorüber! Ich stehe dir zu Diensten. Ich will sogleich Wasser bringen lassen. Wascht euch die Füße und macht es euch unter dem Baum bequem. Ich lasse eine Erfrischung zubereiten, damit ihr gestärkt euren Weg fortsetzen könnt. Wozu sonst seid ihr vorbeigekommen?

ENGEL: Das hört sich gut an. Gern nehmen wir deine Gastfreundschaft an. Tu, was du gesagt hast.

ABRAHAM (*ZU SARA GEWANDT*): Schnell! Nimm von deinem besten Mehl und backe Brotfladen, sage dem Knecht, er soll ein schönes gesundes Kalb schlachten und zubereiten.

SPRECHER/IN 2: Als das Mahl zubereitet ist, bewirtet Abraham seine Gäste mit dem Brot und dem Fleisch und zudem noch mit kalter Milch und saurer Sahne. Und die Gäste lassen es sich schmecken. Sara sitzt derweil im Zelt, wie es sich für eine Frau ihres Kulturkreises gehört. Von dort aus verfolgt sie die Unterhaltung der Männer.

ENGEL: Wo ist deine Frau Sara?

ABRAHAM: Drinnen im Zelt.

ENGEL: Nächstes Jahr um diese Zeit komme ich wieder zu dir, dann wird deine Frau Sara einen Sohn haben.

SARA (*LEISE LACHEND IM ZELT*): Männer! Aus dem Alter, dass ich Kinder bekommen kann, bin ich doch nun wohl langsam heraus, und auch Abraham ist nicht mehr der Jüngste. Die Zeit der Liebe ist für uns vorbei.

ENGEL: Warum lacht Sara? Zweifelt sie daran, dass sie noch ein Kind bekommen kann?

ABRAHAM: Meine Frau hat nicht gelacht.

SARA (*ZU SICH SELBST*): Mensch, Abraham, tu doch nicht so! Meinst du, ich sehe nicht das lautlose Schmunzeln in deinen

Augen? Und hast du mir nicht neulich erst von einer ähnlichen Begegnung erzählt, bei der du dich auf den Boden geworfen hast vor Lachen, weil du es nicht glauben konntest? Wir zweifeln beide. Es scheint so unwahrscheinlich, beinahe unmöglich, dass unser größter Wunsch in unserem Alter noch in Erfüllung gehen soll.

ENGEL: Warum zweifelt ihr? Für Gott ist nichts unmöglich. Nächstes Jahr um diese Zeit komme ich wieder, dann hat Sara einen Sohn.

SPRECHER/IN 2: Nach diesen Worten verabschiedet sich der Fremde und seine beiden Begleiter, und Abraham begleitet sie noch ein Stück auf ihrem Weg.

SPRECHER/IN 1: Und das soll eine Engelgeschichte sein?

SPRECHER/IN 2: Was hast du erwartet? Ein Lichtwesen, das mit Flügeln vom Himmel herabrauscht, eine pausbäckige Putte mit Posaune?

SPRECHER/IN 1: Engel in Menschengestalt – Fremde überbringen Abraham und Sara die lang ersehnte Nachricht, sie sollen ein Kind bekommen. Das muss wie ein Schock gewesen sein, eine Zumutung. Wenn ich Sara gewesen wäre, ich hätte geglaubt, die machen auf meine Kosten Späße.

SPRECHER/IN 2: So reagiert Sara ja auch. Nach dem Motto „Humor ist, wenn frau trotzdem lacht", lacht sie über die Ankündigung des fremden Boten.

SPRECHER/IN 1: Ist doch schön, dass sie über Engel lachen kann und dass dann doch noch Wichtiges passiert.

Der brennende Dornbusch (nach Ex 3 + 4)

Worum es geht: Wie Gott und Mensch zusammenfinden
Personen: 8 (Sprecher/in, Meditierender, Zweifler, Skeptiker, Soziologe, Humanist, Mose, Gottesstimme)
Material: Dornbusch (Zweige in Vase o.ä., eventuell aufgemalt auf großes Papier und an die Wand geheftet)
Sprechdauer: ca. 6 Minuten

SPRECHER/IN: Wie finden Gott und Mensch zusammen?

MEDITIERENDER: Ich versenke mich jeden Tag in die Meditation, deshalb kann ich bezeugen, dass ich das Meditieren als meinen Weg der Gottesbegegnung erfahren habe.

ZWEIFLER: Ich anerkenne die bittere Tatsache, dass es das absolute Glück nicht gibt im Ablauf der Zeit. Deshalb kann meine Antwort nur heißen: Im Himmel finden Gott und Mensch zusammen.

SKEPTIKER: Wer weiß das schon? Davon ist schließlich noch niemand zurückgekehrt. Ich bin nicht sicher, ob sich diese Frage überhaupt sinnvoll stellen, geschweige beantworten lässt.

SOZIOLOGE: Ich bin Soziologe und befasse mich mit der Wiederentdeckung der Transzendenz in der modernen Gesellschaft. Deshalb heißt meine Antwort: Im Fest, bei Spiel und Feier findet der Mensch, was über ihn hinausgeht.

HUMANIST: Im menschlichen Miteinander finden – wenn überhaupt – Gott und Mensch zusammen, sage ich als Humanist und nehme ernst, dass wir über Gott letztlich nichts wissen.

SPRECHER/IN: Die Frage, wie Gott und Mensch zusammenfinden, ist nicht neu. Hören wir einmal aus der Botschaft des Alten (Ersten) Testamentes, was ein gewisser Mose dazu zu sagen hat.

MOSE: Ein mühseliges Geschäft ist es, alle diese Schafe und Ziegen (*ZEIGT AUF DIE ANWESENDEN*) zu weiden! Aber was ist denn das da? Habe ich in der Mittagshitze schon Halluzinationen? Da brennt ein Dornbusch und verbrennt doch nicht, obwohl eine gewaltige Flamme aus ihm aufsteigt. Ich will dorthin gehen und mir die außergewöhnliche Erscheinung ansehen. Warum verbrennt denn der Dornbusch nicht? (*ER GEHT ZUM DORNBUSCH.*)

GOTTESSTIMME: Mose, Mose!

MOSE: Hier bin ich.

GOTTESSTIMME: Komm nicht näher heran! Leg deine Schuhe ab; denn der Ort, wo du stehst, ist heiliger Boden. Ich bin der Gott deines Vaters, der Gott Abrahams, der Gott Isaaks und der Gott Jakobs.

MOSE (*VERHÜLLT SEIN GESICHT*): Ich fürchte mich, dich, Gott, anzuschauen.

SPRECHER/IN: Dieser Anfang der Berufungsgeschichte des Mose gibt eine Antwort auf die Frage, wie Gott und Mensch zusammenfinden. In dieser Geschichte vom Dornbusch, der brennt, aber nicht verbrennt, seiner Berufungsgeschichte, sieht Mose sich selber vor seinem Gott stehen.

ZWEIFLER: Heißt das vielleicht, er sieht, was er ohne Gott wäre: nichts als ein vertrockneter Dornenstrauch?

MEDITIERENDER: Oder heißt das, er sieht, was er mit Gott sein könnte: jemand, aus dem Gott hervorleuchtet und der ihn zum Glühen bringt, ohne ihn zu verzehren?

SOZIOLOGE: Oder bedeutet das, dass er dadurch fähig wird, das Volk aus der Sklaverei herauszuführen und durch die Wüste zu geleiten – bis ins Gelobte Land?

SPRECHER/IN: Hören wir nochmals, was Gott zu Mose gesagt hat.

GOTTESSTIMME: Leg deine Schuhe ab, denn der Ort, wo du stehst, ist heiliger Boden!

SPRECHER/IN: Bis auf den heutigen Tag tun dies die Moslems, bevor sie ihre Moscheen betreten, und waschen sich die Füße, um „rein“ und ungeschützt vor Gott zu stehen. In der

Urkirche wurden die Taufbewerber bisweilen aus demselben Grund nackt ins Taufbecken geführt. Und Franziskus von Assisi ließ sich in seiner Sterbestunde nackt ausziehen und auf den Boden legen. Nackt und bloß wie im Paradies wollte er Gott gegenübertreten, ungeschützt und ohne irgendetwas verbergen zu müssen.

MOSE: Ja genau! So habe ich mich Gott gegenüber gefühlt, bevor er mir dann seinen Auftrag mitgeteilt hat!

SPRECHER/IN: Wo ein Mensch nackt und bloß und ohne Rückversicherung vor seinem Gott steht, da lässt der sein Angesicht über ihn leuchten und da erstrahlt in ihm – der ohne ihn wie ein verdorrter Dornstrauch wäre – die Herrlichkeit Gottes.

GOTTESSTIMME: Denn die Herrlichkeit Gottes, das sind lebendige Menschen – so wie ihr hier.

Berufung des Mose (nach Ex 3 + 4)

Worum es geht: Die Geschichte der Berufung des Mose wird aktualisiert für den eigenen *Verein/Verband/Gemeinschaft*

Personen: 5 (Sprecher/in, Gottesstimme, Mose, Zwischenrufer/in, N.N.)

Sprechdauer: ca. 5 Minuten

SPRECHER/IN: In diesem geistlichen Impuls wollen wir euch die Berufungsgeschichte des Mose erzählen. Der will sich vor seiner Berufung drücken und bringt Argumente vor, warum er ungeeignet ist. Diese sind ziemlich typisch und begegnen uns heute auch überall. Ach ja: Ihr findet den Dialog im Buch Exodus im dritten und vierten Kapitel.

GOTTESSTIMME: Mose, Mose!

MOSE: Hier bin ich.

GOTTESSTIMME: Die Klage der Israeliten ist zu mir gedrungen. Geh! Ich sende dich zum Pharao. Führe mein Volk aus Ägypten heraus!

MOSE: Wer bin ich denn schon? Der Pharao wird mich nicht vorlassen und das Volk mir nicht glauben!

GOTTESSTIMME: Ich bin mit dir.

MOSE: Und wenn sie mich fragen, mit welchem Recht ich rede?

GOTTESSTIMME: Sag ihnen, der Gott eurer Väter sendet mich!

MOSE: Und wenn sie mir nicht glauben?

GOTTESSTIMME: Dann wirf ihnen deinen Stab vor die Füße, er wird sich in eine Schlange verwandeln.

MOSE: Ach Herr, bitte, ich kann doch nicht reden! Das konnte ich noch nie; ich gerate immer ins Stottern.

GOTTESSTIMME: Du hast deinen Bruder Aaron. Der ist wortgewandt. Sag ihm, was er sagen soll, und er wird für dich reden!

SPRECHER/IN: So weit also diese alte Geschichte.

ZWISCHENRUFER/IN: Und was hat das mit uns zu tun?

SPRECHER/IN: Gut, versuchen wir es noch einmal!

GOTTESSTIMME: *N.N.! N.N.! (Name des/der Vorsitzenden/ des/der LeiterIn o.ä.)*

N.N.: Hier bin ich.

GOTTESSTIMME: Die Klagen der *Gruppe ABC* sind zu mir gedrungen. Geh zum *DEF* und sage: Befreie mein Volk!

N.N.: Wer bin ich denn? *DEF* wird mich nicht vorlassen!

GOTTESSTIMME: Ich bin mit dir.

N.N.: Was soll ich denn sagen, mit welchem Recht ich rede?

GOTTESSTIMME: Berufe dich auf das Evangelium.

N.N.: Und wenn er mir nicht glaubt?

GOTTESSTIMME: Dann wirf ihm deine Gruppe vor die Füße! Sie wird sich in ein Rudel heulender Wölfe verwandeln!

N.N.: Ach bitte, Herr, ich kann doch nicht reden, das konnte ich noch nie; außerdem gerate ich immer ins Stottern!

GOTTESSTIMME: Dann nimm deinen *Bundesvorsitzenden XYZ* mit, der ist glattzüngig und wird für dich reden!

Berufung der Mirjam (nach Ex 15, 20–21)

Worum es geht: Die Geschichte der Berufung Mirjams wird aktualisiert für den eigenen *Verein/Verband/Gemeinschaft*

Personen: 5 (Sprecher/in, Gottesstimme, Mirjam, Zwischenrufer/in, N.N.)

Material: 2 Topfdeckel o.ä.

Sprechdauer: ca. 5 Minuten

SPRECHER/IN: In diesem geistlichen Impuls wollen wir euch die Berufungsgeschichte von Mirjam erzählen. Mirjam ist die Schwester von Mose und Aaron; sie kommt im Buch Exodus vor. Von ihr ist dort zwar keine Berufungsgeschichte überliefert. Aber wir haben den Dialog so gestaltet, wie er eigentlich ziemlich typisch ist und uns auch heute überall begegnet.

GOTTESSTIMME: Mirjam, Mirjam!

MIRJAM: Ja, Gott, hier bin ich.

GOTTESSTIMME: Mirjam, führe mein Volk aus Ägypten durch das Meer in die Freiheit. Geh den israelitischen Frauen voran! Zeige ihnen den Weg.

MIRJAM: Ach, mein Gott, wie soll ich das vollbringen? Ich bin doch viel zu klein, mich sieht doch niemand. Meine Stimme ist viel zu leise, sodass niemand mich hören würde.

GOTTESSTIMME: Geh nur, Mirjam! Ich werde dir Stimme und Gehör verschaffen. Ich bin mit dir, und ebenso werden es die Frauen Israels sein!

MIRJAM: Ach, Gott, ich bin doch noch so jung. Es gibt ältere und würdigere!

GOTTESSTIMME: Wenn ich dich rufe, bist du würdig. Und deine Überzeugung wird die anderen Frauen überzeugen.

SPRECHER/IN: So weit also diese alte Geschichte.

ZWISCHENRUFERIN: Und was hat das mit uns zu tun?

SPRECHER/IN: Gut, versuchen wir es noch einmal!

GOTTESSTIMME: *N.N.! N.N.! (Name der Vorsitzenden/Leiterin o.ä.)*

N.N.: Hier bin ich.

GOTTESSTIMME: Ich habe die Klagen der *ABC-Gruppe in XYZ-Stadt* gehört. Noch immer sind dort die Frauen benachteiligt. N.N.! Führe du sie zu *DEF* und verschaffe ihnen dort Gehör!

N.N.: Wie soll ich das denn anstellen? Auf mich hört doch niemand. Alle denken immer, ich käme gerade von der Grundschule, so klein und unscheinbar bin ich. Da wird mich doch *kein Politiker/Bischof/Pfarrer* ernst nehmen!

GOTTESSTIMME: N.N., sag nicht, auf mich hört niemand, ich bin doch noch so klein. Ich werde dir Ideen eingeben, wie du dir Gehör verschaffen kannst. Fang bei deinen Freundinnen aus *der ABC-Gruppe* an, und du wirst sehen, es wird Kreise ziehen. Schließlich bin ich mit dir und werde dich unterstützen!

Hier kann der geistliche Impuls enden. Eventuell Fortsetzung mit folgender Passage:

N.N. (*SIE NIMMT ZWEI BEREITLIEGENDE TOPFDECKEL O.Ä. UND SAGT ODER SINGT, Z.B. NACH DER MELODIE VON „HEY JUDE“*):
Hey Lord, wir ham's gepackt.
Unser Frust geht jetzt zu Ende.
Mädchen und Frauen sind nicht mehr unterdrückt.
Ein Stück Reich Gottes ist uns geglückt, geglückt, geglückt!
Hey Lord, wir sind jetzt frei,
DEF ist auf unserer Seite.
Die Pleite mit Leistungsdruck ist vorbei.
Ich prophezeie: Es wird noch besser, besser, besser!
(*GEHT SINGEND AB.*)

Wasser und Manna in der Wüste (nach Ex 16 + 17)

Worum es geht: Mut zur Beschränkung auf das heute Notwendige
Personen: 2 (Sprecher/in 1+2)
Material: Brot oder Brötchen o.ä. zum Verteilen
Sprechdauer: ca. 5 Minuten

SPRECHER/IN 1: Mensch, wo sind wir denn hier gelandet?
SPRECHER/IN 2: Ja, das kapier ich auch noch nicht.
SPRECHER/IN 1: Das sieht hier alles so komisch aus.
SPRECHER/IN 2: Irgendwie wie auf dem Mond.
SPRECHER/IN 1: Ich würde sagen: wie in der Wüste.
SPRECHER/IN 2: Bloß: Wie sind wir denn da plötzlich gelandet?
SPRECHER/IN 1: Ja, wir waren doch gerade noch *bei der ABC-Gemeinschaft im Haus St. N.N. in XYZ-Stadt.*
SPRECHER/IN 2: Hm, vielleicht haben wir gestern Abend zu lange gefeiert, und da sind wir heute früh in der Wüste aufgewacht. So was kommt doch vor. Wir sind hier in der Wüste, kannste sagen, was du willst.
SPRECHER/IN 1: Okay, also lass uns zusehen, wie wir aus der Wüste wieder rauskommen und *bei der ABC-Gemeinde* mitdiskutieren können.
SPRECHER/IN 2: Lass mal überlegen, das Problem mit der Wüste hatten die früher doch auch schon.
SPRECHER/IN 1: Wer ist denn „die", wen meinst du denn damit?
SPRECHER/IN 2: Na die Israelis oder die Palästinenser, oder wie hießen die doch gleich? Ich hab da im Religionsunterricht nicht so aufgepasst!
SPRECHER/IN 1: Quatsch, du hast die Schule geschwänzt, oder willst du sagen, das Thema wurde an Fronleichnam drangenommen, und da hatten die Christenmenschen schulfrei?
SPRECHER/IN 2: Jetzt fällt's mir ein: Mose und die Israeliten! Und du red vernünftig, ich will aus der Wüste raus und wie-

der *in XYZ-Stadt* mitdiskutieren. Sonst beschließen die Leute was, und ich bin nicht dabei und muss es nachher umsetzen.

SPRECHER/IN 1: Okay, und wie kamen Mose und die Israeliten aus der Wüste raus? 40 Jahre will ich hier nicht rumlaufen.

SPRECHER/IN 2: Na, dann lass uns doch mal Wasser oder Manna suchen.

SPRECHER/IN 1: Wasser und Manna?

SPRECHER/IN 2: Ja, das hat Gott den Israeliten damals gegeben, Wasser aus einem Felsen und Manna vom Himmel, damit sie zu trinken und zu essen hatten. So sind sie nicht verdurstet und verhungert und schließlich im Gelobten Land angekommen.

SPRECHER/IN 1: Mm, klingt vernünftig. Na, und wenn wir was finden, dann bringen wir's *nach St. N.N.* mit.

SPRECHER/IN 2: Was die wohl gerade machen?

SPRECHER/IN 1: Na, die haben doch auch überlegt, was für *die ABC-Gemeinde* lebensnotwendig ist, damit sie nicht verhungert und verdurstet.

SPRECHER/IN 2: Du, ich glaub, die nehmen sich mal wieder viel zu viel vor.

SPRECHER/IN 1: Meinst du? Die *ABC-Gemeinde* ist halt ein engagierter Haufen. Und ich find's gut: nicht kleckern, sondern klotzen!

SPRECHER/IN 2: Na, damals, die Israeliten in der Wüste, die haben noch eine Lektion dazulernen müssen mit ihrem Manna.

SPRECHER/IN 1: Was denn, kenn ich nicht. Erzähl mal!

SPRECHER/IN 2: Also: Als das Manna vom Himmel fiel, sollte sich jede Gruppe nur so viel davon nehmen, wie sie für den jeweiligen Tag brauchte, und nicht mehr. Wer mehr Manna zusammensammelte, als er brauchte, bei dem vermoderte alles.

SPRECHER/IN 1: Aha, das heißt: Für das Lebensnotwendige ist gesorgt; aber lass uns auch nur das sammeln, was wir heute brauchen und verarbeiten können.

SPRECHER/IN 2: Ja genau.

SPRECHER/IN 1: Das heißt dann ja für *unsere Gemeinde/unseren Verband*: Wir suchen uns nicht nur das Notwendige, sondern auch nur so viel davon, wie wir heute verarbeiten können.

SPRECHER/IN 2: Jetzt fehlt uns nur noch das Manna vom Himmel.

SPRECHER/IN 1: Guck mal, ich glaube, da is' was!

SPRECHER/IN 2: Ja, seh ich auch.

SPRECHER/IN 1: Gehen wir mal hin! (*SIE GEHEN IN EINE ECKE DES RAUMES, WO BROT ODER BRÖTCHEN O.Ä. VERWAHRT SIND.*)

SPRECHER/IN 2: Komm, damit stärken wir uns! Und dann *nach XYZ-Stadt* zurück!

SPRECHER/IN 1: Also los: Wir sammeln was davon auf, aber nur so viel, wie *die ABC-Gemeinde* heute notwendig braucht, und dann ab *ins Bildungshaus St. N.N.*!

SPRECHER/IN 2 + 1 (*VERTEILEN DIE SACHEN AN DIE ZUHÖRER/INNEN*)

Grundsatzprogramm und Goldenes Kalb

(nach Ex 32)

Worum es geht: Die Zehn Gebote als Grundsatzprogramm

Personen: 7 (Sprecher/in, Moderator/in, Reporter/in, 4 Israelit/innen)

Sprechdauer: ca. 8 Minuten

SPRECHER/IN: Nachdem *diese Versammlung* ganz im Zeichen der Diskussion unseres neuen Grundsatzprogramms steht, haben wir uns auch für den geistlichen Impuls das Thema „Grundsatzprogramme" ausgesucht, und zwar nicht irgendwelche Grundsatzprogramme, sondern es soll um Grundsatzprogramme in der Bibel gehen, genauer gesagt um das Grundsatzprogramm des Alten Testaments, die Zehn Gebote, und um das Verfahren, mit dem die Israeliten zu ihrem Grundsatzprogramm kamen.

Wenn es damals schon Fernsehen gegeben hätte, wären die Ereignisse vermutlich in folgender Weise im Auslandsjournal über den abendlichen Bildschirm geflimmert:

MODERATOR/IN: Unser nächster Bericht führt uns in den Vorderen Orient, genauer gesagt an den Sinai. Gegenüber dem Berg Sinai haben die Israeliten nach ihrer gelungenen Flucht und nachdem sie die Ägypter vernichtend geschlagen haben, ihr Lager aufgerichtet. Seit einigen Wochen ereignen sich hier merkwürdige Dinge. Im Moment sieht es so aus, als sei einer der Anführer verschwunden, angeblich habe er sich mit der Gruppe der Ältesten zurückgezogen, um ein Grundsatzprogramm zu erarbeiten. Sein Bruder scheint sich auf die Machtübernahme vorzubereiten.

Schalten wir also um zu unserem Reporter/unserer Reporterin vor Ort.

REPORTER/IN: Hier ist *N.N.* Ich melde mich vom Lager der Israeliten am Sinai. Wie Sie mitbekommen, ist hier gerade ein rauschendes Fest im Gange. Das Volk tanzt um das Goldene Kalb, das in der vergangenen Woche gegossen worden ist. Mit diesem Fest soll der Jahwe-Bund gefeiert werden. Als neuer Anführer der Israeliten scheint sich Aaron herauszukristallisieren. Von dem bisherigen Anführer Mose hat man schon seit Wochen nichts mehr gehört. Er hat sich mit den Ältesten auf den Berg gegenüber dem Lager zurückgezogen, um für diesen zusammengewürfelten Haufen so etwas wie ein Grundsatzprogramm zu schreiben. Nach Angaben einiger Priester hier im Lager soll er den Auftrag für dieses Vorhaben von dem gleichen Gott erhalten haben, der die Israeliten bei ihrer Flucht unterstützt hat.

So weit zu meiner Einschätzung der Lage, ich werde jetzt einige IsraelitInnen fragen, wie sie die Dinge im Moment sehen. –
Darf ich Sie mal fragen, wie Sie die Situation im Moment einschätzen?

ISRAELIT/IN 1: Erstmal feiern wir endlich wieder ein tolles Fest! Wurde auch Zeit nach dem langen Weg durch die Wüste. Ob Aaron oder Mose unser Volk anführen, ist mir eigentlich egal. Und ein Grundsatzprogramm finde ich überflüssigen Luxus! Was wir brauchen, ist jemand, der das Volk anführt, und jemand, der es versteht, das Volk zu einen, und das ist Aaron mit dem Goldenen Kalb ja ganz gut gelungen.

REPORTER/IN: Und Sie, wie schätzen Sie die Situation ein, ist es Ihnen auch egal, wer das Volk anführt?

ISRAELIT/IN 2: Egal ist es mir nicht, aber wichtiger als die Frage nach dem Anführer ist für mich die Frage nach dem Grundsatzprogramm. Wir sind zusammen aus Ägypten geflohen und haben gemeinsam die Erfahrung gemacht, dass es einen Gott gibt, der sich auf die Seite der Schwachen stellt und sie schützt. Jetzt sind wir schon eine ganze Weile in der Wüste unterwegs. Ich finde, dass es an der Zeit ist, dass wir unsere Erfahrungen zusammentragen, sie reflektieren und Perspektiven für die Zukunft entwickeln.

ISRAELIT/IN 3: Mose hat erzählt, dass dieser Gott, der uns aus Ägypten geführt hat, einen Bund mit uns schließen will.

ISRAELIT/IN 4: Die Idee mit dem Grundsatzprogramm finde ich sehr gut und dringend notwendig. Es ist an der Zeit, dass wir Regeln entwickeln, nach denen wir unser Zusammenleben ordnen.

ISRAELIT/IN 2: Bleibt nur zu hoffen, dass es Mose und den Ältesten gelingt, konsensfähige Leitlinien zusammenzustellen.

ISRAELIT/IN 4: Wichtiger finde ich fast noch, dass er bald zurückkommt. Denn nach dem, was sich da heute abspielt, scheint Aaron gern Anführer werden zu wollen, und dann bleibt alles beim Alten.

ISRAELIT/IN 1: Ihr habt gut reden: Mose, Grundsatzprogramm ... Das ist ja alles schön und gut. Aber Mose und die Ältesten kümmern sich nur noch darum, verschwinden einfach so über Wochen. Hier im Lager muss das Leben schließlich auch weitergehen. Wer weiß, ob ihnen in den Bergen nicht schon längst etwas passiert ist? Ich finde es gut, dass Aaron hier dafür sorgt, dass der Alltag weitergeht.

REPORTER/IN: Ich weiß nicht, ob sie an den Bildschirmen etwas davon mitbekommen, aber am anderen Ende des Lagers ist plötzlich Totenstille eingetreten. Im Moment kann ich nicht erkennen, was sich da abspielt ... Doch! Jetzt erkenne ich den Mann, der da zwischen den erstarrten Menschen hindurch auf die noch tanzenden Israeliten in der Mitte zugeht! Es ist Mose! In der Hand hält er beschriebene Steintafeln, das Grundsatzprogramm, er hat es geschafft!

Die Ereignisse spitzen sich hier dramatisch zu. Spannung liegt in der Luft, was wird geschehen? Wie wird Aaron sich verhalten? Auf welche Seite werden sich die IsraelitInnen schlagen? Mose schaut ungläubig das Treiben an. Jetzt hat er das Goldene Kalb erblickt. Die Wut, die in diesem Mann hochsteigt, ist förmlich mit den Händen zu greifen. Was wird geschehen? Da! Mose nimmt die Steintafeln und zerschmettert sie am Fuße des Berges. Und jetzt ergreift er das Goldene Kalb und wirft es ins Feuer.

Im Lager der IsraelitInnen ist es still geworden. Das Grundsatzprogramm und das Goldene Kalb sind vernichtet und damit beide Symbole, die das Volk zu einen vermögen. Wie wird es weitergehen? Die Zukunft dieses Volkes erscheint ungewisser denn je.

Damit verabschiede ich mich vom Sinai und gebe zurück in unser Studio.

SPRECHER/IN: Und nicht nur zurück ins Studio, sondern auch

zurück zur *Tagung in ABC-Stadt* und zurück zur Diskussion des neuen Grundsatzprogramms.

Schon in alttestamentlichen Zeiten scheint das mit den Programmen so eine Sache gewesen zu sein. Mit seinem ersten Versuch ist Mose jedenfalls gründlich gescheitert.

Und die Moral von der Geschichte?

Auch wenn der Weg, ein Grundsatzprogramm zu schreiben, heute anders aussieht als in der Bibel beschrieben, zeigen sich einige Parallelen:

ISRAELIT/IN 4: Offenbar ist es notwendig, sich aus dem Alltagsgeschäft zurückzuziehen, und es braucht einige wenige, die sich an die Arbeit des Formulierens machen, und ein paar mehr Leute, die die Ergebnisse dann diskutieren.

ISRAELIT/IN 2: Für alle anderen geht in dieser Zeit der Alltag weiter. Für sie stehen weiterhin die alltäglichen Probleme im Mittelpunkt, und was interessieren die Steintafeln des Grundsatzprogramms, wenn es darum geht, den Bestand der Arbeit zu sichern oder Aufbauarbeit zu leisten?

ISRAELIT/IN 3: Kehren wir jetzt zur Grundsatzprogramm-Diskussion zurück in der Hoffnung, dass der Geist Gottes mit uns ist. Steintafel oder Goldenes Kalb – das ist hier die Frage!

Samuel, Elija und der Ruf Gottes (nach 1 Sam 3)

Worum es geht: Samuel und Elija erzählen, wie eine Gottesbegegnung möglich ist.

Personen: 3 (Sprecher/in, Samuel, Elija)

Sprechdauer: ca. 4 Minuten

SPRECHER/IN: Kennt ihr die Redensart: „Jemand ist wie vom Donner gerührt"? Das kann eine Form der Gottesbegegnung sein, und wenn sie euch widerfährt, dann merkt ihr es; darüber brauchen wir hier nicht zu reden. Kennt ihr die Redensart: „Es fällt mir wie Schuppen von den Augen"? Das kann auch eine Form der Gottesbegegnung sein wie bei Samuel. Über die reden wir jetzt. Samuel selber würde seine Geschichte vermutlich etwa so erzählen:

SAMUEL: Ich war unruhig, lange Zeit unruhig. Mein Job war gut. Er hat mir Spaß gemacht, ich konnte ihn ordentlich erledigen, die Kohle stimmte, und Arbeitgeber und Kunden waren mit mir zufrieden. Aber ich nicht. Es trieb mich um; ständige innere Unruhe. Das kann doch nicht schon alles sein im Leben; da muss es doch noch mehr geben. Ich habe mit Leuten geredet, mit meinen Freunden, mit dem Priester ...

Ich war ratlos und ich war unruhig. Dann war da jene berühmte Nacht. Ich fühlte mich gerufen und habe nicht kapiert. Und dann fiel es mir wie Schuppen von den Augen. Ich habe plötzlich klar gesehen, nichts Konkretes, aber klar. Ich war mir sicher, ich wusste, dass ich eine Aufgabe habe, ich wusste, dass ich sie erledigen will, und ich hatte eine leise Ahnung, was es sein würde. Das hat mich ruhig gemacht, ich konnte nachts wieder schlafen. Und es hat mich sicher gemacht: Ich war auf dem Weg, auf *meinem* Weg, *meinen* Platz in der Welt zu finden. Und ich fühlte mich in Übereinstimmung mit Gottes Willen.

SPRECHER/IN: Es geht also darum, meinen Platz oder meinen Weg zu finden. Ich bin überzeugt, dass jede/r von uns einen solchen Platz hat; der Schöpfungsplan hat jede/n Einzelne/n vorgesehen und berücksichtigt. Auf dem Weg dorthin zu sein macht ruhig; auf einem anderen Weg zu sein macht unruhig. Die Ruhe ist eine Folge der Gottbegegnung; ich habe verstanden, was – biblisch gesprochen – der „Engel des Herrn" mir gesagt hat. Das sollte jeder und jedem von euch passieren.

ELIJA: Ich, Elija, ich habe mich aus der Betriebsamkeit zurückgezogen. Ich kannte meinen Weg, ich bin ihn auch gegangen. Erfolgreich. Ich bin der erfolgreichste Prophet, alle hören auf mich; und auf all das falsche Gesocks, auf die Ohrenbläser und Scharlatane fällt Feuer, wenn ich auftrete. Aber ich hatte die Schnauze voll. Arbeit entfremdet, auch die Propheterei! Ich wusste gar nicht mehr so recht, warum ich alles tue. Ich war orientierungslos, fix und fertig, sauer, hoffnungslos, aber erfolgreich. Da hat mir Gott seine Anwesenheit gezeigt; nicht in Hektik, nicht in „action", sondern in Ruhe und Zartheit. Richtig getröstet hat er mich. Danach konnte ich auch wieder mit Überzeugung arbeiten.

SPRECHER/IN: Der Trost, den Elija spürt, ist die Folge der Begegnung mit Gott. Er war auf dem richtigen Weg – auch schon vorher, aber jetzt kann er weitergehen.

Samuel sucht und findet seine Identität, Elija ist ausgelaugt und findet Trost. Man kann dies zu Recht psychologisch deuten. Aber alle Dinge haben mehrere Seiten. Wenn Gottes Geist in uns wirkt, wie soll er es anders tun als in unserer Psyche? Also werden wir bei geistlichen Vorgängen auch immer psychologische finden und vielleicht auch körperliche. Die psychologischen sind wir gewohnt, deshalb fallen sie uns meistens auch auf Anhieb ein. Aber wenn ihr nach Gott in eurem Leben sucht, solltet ihr euch auch die geistliche Deutungsmöglichkeit zu Eigen machen. Die Grundregeln dafür sind:

SAMUEL: Ruhe und innerer Frieden sind Anzeichen der Gegenwart Gottes. Unruhe und Unzufriedenheit mit sich selber sind Anzeichen vom Gegenteil.

Hört hin auf das, was sich in euch bewegt; es ist das Gespräch eurer Seele mit Gott; es ist euer Gebet. Von Zeit zu Zeit macht eine Standortbestimmung; dafür braucht es die äußere Ruhe.

SPRECHER/IN: Wie alles im Leben braucht es Übung und das Vertrauen darauf, dass es stimmt, was Jesus gesagt hat: „Denkt daran, ich bin immer bei euch, alle Tage, bis ans Ende der Welt!" (Mt 28,20).

Elija (nach 1 Kön 17–19)

Worum es geht: Elija begegnet seinem Gott in der Stille, und dadurch ist wieder klar, woher er kam und wohin er wollte.
Personen: 6–8 (Sprecher/in 1+2, Ahab, Elija, mehrere aus dem Volk, Gottesstimme)
Sprechdauer: ca. 12 Minuten

SPRECHER/IN 1: Jedem und jeder von uns tut es gut, innerhalb *unserer Gemeinschaft/unseres Verbandes* wie im privaten Leben, ab und zu Erfolg zu haben und den auch genießen zu können. Vermutlich kennt auch jeder die Erfahrung des Gegenteils: wie es ist, wenn ich an etwas oder jemandem scheitere.

SPRECHER/IN 2: Um die Erfahrung des Scheiterns soll es im heutigen geistlichen Impuls gehen. Wir begeben uns dazu auf eine Zeitreise und besuchen den biblischen Propheten Elija aus Tischbe in Gilead, oder besser gesagt: Es geht um zwei ziemlich gegensätzliche Geschichten, die im Alten Testament über Elija berichtet werden.

SPRECHER/IN 1: Die erste Geschichte handelt sozusagen vom „öffentlichen" Elija und die andere vom „privaten". Die erste Geschichte werden wir euch zusammengefasst erzählen. Für die zweite, auf die es hier ankommt, brauche ich eure Unterstützung, und zwar folgendermaßen: In dieser Geschichte kommen verschiedene Elemente vor: ein Sturm, ein Erdbeben, Feuer und ein sanftes leises Säuseln. Diesen Elementen müsst ihr eure Stimme leihen.
(*SPRECHER/IN TEILT GRUPPEN EIN UND GIBT ANWEISUNGEN*:)
Das üben wir jetzt in vier Gruppen:
Erste Gruppe Sturm: … stürmen, rauschen …
Zweite Gruppe Erdbeben: … poltern …
Dritte Gruppe Feuer: … zischeln …
Vierte Gruppe Säuseln: … säuseln …

SPRECHER/IN 1: Okay, das war gut! Hören wir jetzt zunächst einmal die erste Geschichte:

SPRECHER/IN 2: Elija war Prophet zur Zeit des Königs Ahab. Besagter Ahab war schlimmer als alle seine Vorgänger. Das Allerverwerflichste war, dass er eine gewisse Isebel ehelichte, die ihn derart infiltrierte, dass er dem Gott Baal diente, ihm einen Altar baute und allerlei widernatürlichen Götzendienst trieb. Vor allem ließ er alle Propheten Jahwes in großem Stil massakrieren. Ihr seht schon, hier geht's nicht nur ums religiöse Innenleben, sondern um hohe Machtpolitik. Und in diese mischte sich Elija ein, indem er Ahab klipp und klar sagte:

ELIJA: Von nun an wird es nicht mehr regnen, außer ich, Elija, werde den Regen wieder zulassen!

SPRECHER/IN 2: Die Folge dieser Ankündigung war natürlich, dass Elija sich aus dem Staub machen musste, und zwar schleunigst. Er versteckte sich also, und Ahab versuchte verzweifelt, ihn einzufangen, denn, wie Elija gesagt hatte, es regnete wirklich nicht.

SPRECHER/IN 1: Das ging drei Jahre so, da kriegte Elija vom Herrn den Auftrag, diesem Zustand und der notorischen Götzendienerei ein Ende zu bereiten. Elija zitiert also König Ahab zum Gipfeltreffen. Ahab kommt, sie beschimpfen sich gegenseitig, und Elija gibt Ahab einen Auftrag. Die Bibel erzählt: Sobald Ahab Elija sah, rief er aus:

AHAB: Bist du es, Verderber Israels?

ELIJA: Nicht ich habe Israel ins Verderben gestürzt, sondern du und das Haus deines Vaters, weil ihr die Gebote Gottes übertreten habt und den Baalen nachgelaufen seid. Doch schick jetzt Boten aus, und versammle mir ganz Israel auf dem Karmel, auch die vierhundertfünfzig Propheten des Baal.

SPRECHER/IN 2: Gesagt, getan; Volk, König und Propheten versammeln sich. Da sagte Elija zum Volk:

ELIJA: Ich allein bin als Prophet des Herrn übrig geblieben; die Propheten des Baal aber sind vierhundertfünfzig. Man gebe uns zwei Stiere. Sie sollen sich einen auswählen, ihn zerteilen und auf das Holz legen, aber kein Feuer anzünden. Ich werde den andern zubereiten, auf das Holz legen und kein Feuer anzünden. Dann sollt ihr den Namen eures Gottes anrufen, und ich werde den Namen meines Gottes anrufen. Der Gott, der mit Feuer antwortet, ist der wahre Gott.

MEHRERE AUS DEM VOLK: Der Vorschlag ist gut.

SPRECHER/IN 2: Die herausgeforderte Prophetenmannschaft hat den Vortritt. Der Stier wird bereitet. Die Show beginnt. Dann rufen sie vom Morgen bis zum Mittag den Namen des Baal an und schreien:

MEHRERE AUS DEM VOLK: Baal, Baal, erhöre uns!

SPRECHER/IN 2: Doch es kommt kein Laut, und niemand gibt Antwort. Sie tanzen hüpfend um den Altar, den sie gebaut haben. Um die Mittagszeit verspottet Elija sie und sagt:

ELIJA: Ruft lauter! Er ist doch euer Gott. Er könnte beschäftigt sein, könnte beiseite gegangen oder verreist sein. Vielleicht schläft er und wacht dann auf!

SPRECHER/IN 2: Sie schreien nun mit lauter Stimme. Nach ihrem Brauch ritzen sie sich mit Schwertern und Lanzen wund, bis das Blut an ihnen herabfließt. Als der Mittag vorüber war, verfallen sie in Raserei. Doch es kommt kein Laut, keine Antwort, keine Erhörung.

Jetzt kommt Elija dran, der Altar wird errichtet, der Stier bereitet. Dann setzt er noch einen drauf. Dreimal lässt er Wasser über den Altar und das Opferfleisch gießen. Zur entsprechenden Opferstunde legt er los und ruft:

ELIJA: Herr, Gott Abrahams, Isaaks und Israels, heute soll man erkennen, dass du der wahre Gott bist in Israel, dass ich dein Knecht bin und all das in deinem Auftrag tue. Erhöre mich, Herr, erhöre mich!

SPRECHER/IN 2: Prompte Wirkung, Feuer vom Himmel, Stier,

Holz und Wasser werden restlos vom Feuer verzehrt. Beeindruckend! Alles schreit:

MEHRERE AUS DEM VOLK: Jahwe ist unser Gott!.

SPRECHER/IN 2: Die Baalspropheten werden massakriert. Anschließend eine weitere Tat: Auf Elijas Wort hin gibt es wieder Regen. Das ist die öffentliche, die politische Seite Elijas.

SPRECHER/IN 1: Nun kommt die zweite Geschichte dran. Isebel, der Ahab alles brühwarm erzählt, lässt Elija melden, dass es ihr jetzt reiche. Und so sie seiner habhaft werde, sei sein Leben keinen Pfifferling mehr wert. Elija kriegt die Krise, er hat Angst. Und was tut er? Er sucht das Weite. Er haut ab. Rennt in die Wüste hinein. Er hat die Nase voll. Er geht eine Tagesreise weit in die Wüste hinein. Dort setzt er sich unter einen Ginsterstrauch und wünscht sich den Tod. Er sagt:

ELIJA: Nun ist es genug, Herr. Nimm mein Leben; denn ich bin nicht besser als meine Väter.

SPRECHER/IN 1: Elija ist vollkommen am Ende. Die ganze innere Stärke ist weg. Er steigt aus. Er braucht noch mehr Abstand zwischen sich und den Ereignissen. Also rennt er vierzig Tage und Nächte vor sich selbst und vor den göttlichen Aufträgen weg, bis er schließlich an den Berg Horeb kommt. Das erzählt die Bibel folgendermaßen weiter (jetzt seid ihr gleich dran!):

SPRECHER/IN 2: Dort am Berg Horeb ging er in eine Höhle, um darin zu übernachten. Doch das Wort des Herrn erging an ihn:

GOTTESSTIMME: Was willst du hier, Elija?

ELIJA: Mit leidenschaftlichem Eifer bin ich für dich, Gott, eingetreten, weil die Israeliten deinen Bund verlassen, deine Altäre zerstört und deine Propheten mit dem Schwert getötet haben. Ich allein bin übrig geblieben, und nun trachten sie auch mir nach dem Leben.

GOTTESSTIMME: Komm heraus und stell dich auf den Berg vor den Herrn!

SPRECHER/IN 2: Da zog der Herr vorüber: Ein starker, heftiger Sturm (*1. GRUPPE STÜRMT*), der die Berge zerriss und die Felsen zerbrach, ging dem Herrn voraus. Doch der Herr war nicht im Sturm.

Nach dem Sturm kam ein Erdbeben (*2. GRUPPE POLTERT*). Doch der Herr war nicht im Erdbeben. Nach dem Beben kam ein Feuer (*3. GRUPPE ZISCHELT*). Doch der Herr war nicht im Feuer.

Nach dem Feuer kam ein sanftes, leises Säuseln (*4. GRUPPE SÄUSELT*). Als Elija es hörte, hüllte er sein Gesicht in den Mantel, trat heraus und stellte sich an den Eingang der Höhle. Da vernahm er eine Stimme, die ihm zurief:

GOTTESSTIMME: Was willst du hier, Elija?

ELIJA: Mit Leidenschaft bin ich für dich, Gott, eingetreten, und nun trachten sie mir nach dem Leben!

GOTTESSTIMME: Geh deinen Weg durch die Wüste zurück!

SPRECHER/IN 1: Was mich an diesen Geschichten fasziniert, ist das Doppelgesicht Elijas. In der Öffentlichkeit tritt er penetrant selbstbewusst und machtorientiert auf. Er inszeniert „Gottesbegegnungen" mit Rambazamba, Feuer vom Himmel, Regenfluten, Dürre usw.; mischt in der Politik kräftig mit. Dann kriegt er die Krise und steigt aus. Weil er sich selbst und seinen Gott aus den Augen verloren hat, kriegt er Angst um sich selbst. Seine eigene Gottesbegegnung hat mit dem Rambazamba-Gott nichts zu tun. Das ganze Feuerwerk ist nur Vorspiel. Ihm begegnet Gott in der Stille. Er begegnet sich selbst in der Stille, und plötzlich ist wieder klar, woher er kam, wohin er wollte. Er muss zurück und da weitermachen, wo er aufgehört hat. Er muss das tun, wenn er nicht sich selbst untreu werden will.

ELIJA: Ich, Elija, kannte meinen Weg, ich bin ihn auch gegangen. Ich bin der erfolgreichste Prophet, alle hören auf mich; und auf all das Gesindel, auf die Ohrenbläser und Scharlatane fällt Feuer, wenn ich auftrete. Aber ich hatte die

Schnauze voll. Arbeit entfremdet, auch die Propheterei! Ich wusste gar nicht mehr so recht, warum ich alles tue. Ich war orientierungslos, fix und fertig, aber erfolgreich. Da hat mir Gott seine Anwesenheit gezeigt; nicht in Hektik, nicht in „action“, sondern in Ruhe und Zartheit. Das hat mir geholfen, mich getröstet. Danach konnte ich auch wieder mit Überzeugung arbeiten.
Darum merkt euch: Wenn du in dem, was du tust – selbst wenn alle anderen Beifall klatschen – den Boden unter den Füßen verlierst, dann hör auf, das ist legitim. Aussteigen ist gesund. Aber vor dir selbst auf Dauer wegrennen kannst du nicht. Wenn der Theaterdonner deiner Krise verklungen ist, bringt dich die Stille zu deinen Wurzeln, zu deinem Auftrag, zu dir selbst und zu deinem Gott zurück.

Schutzengel (nach Tobit 4–5)

Worum es geht: Jeder Mensch braucht einen Schutzengel
Personen: 4 (Tobit, Hanna, Tobias, Rafael)
Material: für jeden ein Engel-Bild (Postkarte oder Kopie)
Sprechdauer: ca. 6 Minuten

TOBIT: Ach Hanna, meine liebe Frau, jetzt sind wir beide alte Leute und stehen am Ende unseres Lebens. Und ich bin dazu auch noch blind und tatterig. Ich sag es dir ehrlich: Meine einzige Freude ist unser Sohn Tobias. Wie sehr wünschte ich, dass es ihm einmal besser geht als uns! Ich habe bei Gabael in der Stadt Rages in Medien doch noch Geld hinterlegt, zehn Talente Silber. Die könnte er dort abholen. Dann wäre er versorgt und hätte ein gutes Leben!

HANNA: Tobit, wie kommst du denn da drauf? Immer denkst

du nur ans Geld! Dass ich das nicht früher gemerkt habe! Jetzt ist es leider zu spät, und wir leben in der falschen Zeit! Aber lass nicht auch noch unseren Sohn wegziehen! Es könnte ihm ein Unheil auf dem Weg zustoßen. Von dir hab ich ja wohl nichts Gutes mehr zu erwarten, aber wenn ihm ein Unheil zustößt auf dem weiten Weg, das würde mich sofort ins Grab bringen.

TOBIT: Das wär auch 'ne Lösung, Hanna, ... äh ... also wie ich schon sagte: Ich habe bei Gabael in der Stadt Rages in Medien noch Geld hinterlegt, das er abholen sollte. Vielleicht kann er da auch eine Frau aus dem Stamm meiner Väter finden, damit unser Name weiter besteht! Hat nicht Raguel in Ekbatana eine schöne junge Tochter, die Sara? Ekbatana liegt praktisch auf dem Weg nach Rages, so gut wie um die Ecke. Dann wär doch alles gut geregelt!

HANNA: Tobit, du denkst immer nur an das eine, an das Geld meine ich! Und so um die Ecke liegt Ekbatana nun auch nicht. Dazwischen fließt noch der große und gefährliche Tigris-Fluss!

TOBIAS: Liebe Eltern, beschließt ihr gerade wieder mal, was für mich gut ist?

TOBIT: Du hast an der Tür gelauscht!

HANNA: Geh nicht allein nach Rages und nach Ekbatana, es könnte dir ein Unheil zustoßen, das überlebe ich nicht!

TOBIAS: Ich werde auf den Marktplatz gehen und mir einen Reisegefährten suchen, der sich in Medien auskennt und in Rages und in Ekbatana und mich begleiten kann.

HANNA: Hat mein Tobias es nicht gut bei uns? Sorgen wir nicht für ihn, so gut wir das können? Warum muss der Junge denn in die weite Welt ziehen, wo ihm ein Unheil zustoßen könnte! Und wer weiß, ob Sara, die Tochter Raguels, die richtige Frau für ihn ist? Vielleicht kann sie weder richtig weben noch kochen! Und auf dem Weg dorthin liegt auch noch der große und gefährliche Tigris-Fluss.

TOBIT: Frau, du wirst wirklich alt, so wie du daherredest! Wie soll denn unser Name weitergeführt werden, wenn wir ihn weiter wie einen kleinen Jungen behandeln. Die Idee mit dem Reisegefährten ist gar nicht so schlecht. Dafür würde ich sogar finanziell was springen lassen; das kommt ja später wieder rein, der Raguel ist reich, und die Sara wird 'ne hübsche Aussteuer mitbringen.

HANNA: Warum hab ich dich bloß geheiratet! Das würde ich gern meinem Sohn ersparen!

TOBIAS: Mutter! Vater! Ich habe einen Reisegefährten auf dem Marktplatz gefunden! Er sagt, dass er aus edlem Geschlecht stammt.

TOBIT: Bruder, wer bist du?

RAFAEL: Ich bin Asarja, der Sohn des großen Hananja, einer von den Brüdern deines Stammes.

TOBIT: Dann kenne ich dich ja! Verzeih, aber meine Augen sind erblindet, sodass ich dich nicht sehen konnte! Gib unterwegs gut Acht auf meinen Sohn, vor allem am großen und gefährlichen Tigris-Fluss! Ich zahle dir eine Drachme täglich für deinen Dienst, dazu den Lebensunterhalt für euch beide. Gott, der im Himmel wohnt, möge euch behüten, und sein Engel möge euch begleiten. Lebt wohl!

TOBIAS: Sag, Asarja, woher kennst du meinen Vater, und wer bist du?

RAFAEL: Ich bin dein Verwandter, aber ich bin nicht nur von menschlicher Gestalt. Ich bin das Bild deines eigenen Wesens, die Kraft deiner Person, die Wahrheit deines eigenen Seins. Ich bin mit meinem ganzen Wesen dazu da, dich zu schützen und zu heilen, denn das bedeutet mein Name. Ich heiße „Rafa-El". Das bedeutet: „Gott heilt". Gott hat mich zu dir gesandt, um dich auf dem Weg zu begleiten und zu schützen.

TOBIAS: Lass uns miteinander gehen; dann habe ich auch vor dem großen und gefährlichen Tigris-Fluss keine Angst mehr und auch nicht vor Sara, der Tochter Raguels!

TOBIT: Einen solchen Menschen, der durch seine Gegenwart hilft und heilt, braucht man, um dem Wesensbild der eigenen Seele, der eigenen Engelsgestalt nahe zu sein und den Weg ins Leben zu finden.
Finden wir jetzt aber erst mal wieder den Weg *in den Konferenzraum* – und dazu kriegt jetzt jede und jeder von euch ein Bild mit einem Schutzengel!

Der Prophet Amos tritt auf (nach Amos 8)

Worum es geht: Gerechtigkeit, Frieden und Bewahrung der Schöpfung
Personen: 6 (5 Sprecher/innen, Amos)
Material: eventuell (Fell-)Überwurf für den Propheten Amos und Feigen (Datteln o.ä.) zum Verteilen am Ende
Sprechdauer: ca. 6 Minuten

SPRECHER/IN 1: Gerechtigkeit, Frieden, Bewahrung der Schöpfung – darum soll es in diesem geistlichen Impuls gehen ...

SPRECHER/IN 2 (*INS WORT FALLEND*): Ich kann es nicht mehr hören! Drinnen Konziliarer Prozess, draußen Konziliarer Prozess!

SPRECHER/IN 1: Ich denke, wir werfen mal einen Blick in die Bibel und gucken, was da so zu Gerechtigkeit, Frieden, Bewahrung der Schöpfung steht!

SPRECHER/IN 2 (*IRONISCH*): Da bin ich aber gespannt!

SPRECHER/IN 1: Langer Einleitung kurzer Sinn: Ich will euch mitnehmen auf so eine Art Zeitreise. Wir wechseln den Ort und versetzen uns von *ABC-Stadt* in den Vorderen Orient, genauer gesagt nach Juda und Israel. Und wir gehen gut zweieinhalb Jahrtausende zurück in das Jahr 760 v. Chr.

SPRECHER/IN 3: In Israel und Juda ist nach unruhigen Jahren der Auseinandersetzung mit den benachbarten Großmächten Ruhe eingekehrt. Die Großmächte sind zur Zeit mit sich selbst beschäftigt. König Jerobeam hat durch geschickte Kriegführung und Politik Israel zu einem reichen und blühenden Land gemacht. Von dem Wirtschaftsaufschwung profitiert vor allem die Oberschicht. Die Reichen prassen auf Kosten der Armen.

SPRECHER/IN 4: Zu dieser Zeit hat der judäische Bauer und Maulbeerfeigenzüchter Amos merkwürdige und Unheil verkündende Träume, die er nicht zu deuten weiß. Als Mann der Tat macht er sich auf den Weg nach Israel, um den Dingen auf den Grund zu gehen. Unterwegs sieht er, wie die Reichen die Armen knechten, sie ausbeuten, das Recht beugen und nur an ihren eigenen Profit denken. Und er begreift – er soll diesem Volk den Spiegel vorhalten …

AMOS: Alle mal herhören. Ich habe eine Botschaft für euch. Guckt nicht so entgeistert, ja für euch! So spricht euer Gott:
Weh euch, ihr Satten und Sorglosen hier in Mitteleuropa und in den anderen Industrienationen, die ihr lebt auf Kosten der Länder, die ihr Entwicklungsländer nennt, deren Kulturen ihr zerstört und deren jegliche Entwicklung ihr so erfolgreich verhindert, denen ihr die Rohstoffe für ein paar Pfennige abknöpft, deren Beteiligung am Weltmarkt ihr sabotiert und die ihr in immer größere Schulden treibt!
Weh euch, ihr Kriegsgewinnler mit den pazifistischen Gesichtern, die ihr Waffen produziert und exportiert und damit die Kriege in den Krisengebieten dieser Erde anheizt. Kein Trick ist euch zu schmutzig, um eure todbringende Ware loszuwerden!
Weh euch, ihr Biedermänner, die ihr alle für den Frieden seid und nichts dafür tut. Euer Rüstungsetat ist immer noch größer als euer Sozialetat. Institute für Friedensforschung fristen ein kümmerliches Dasein.

Weh euch, ihr Umweltverschmutzer und Umweltverschwender, die ihr die Erde ausbeutet ohne Sinn und Verstand, nur für euer Wohlleben für euren Luxus, verantwortungslos kommenden Generationen gegenüber!

Weh euch, ihr öko-angehauchten Kopfsozialisten, die ihr Reformen endlos diskutiert und die ihr Wasser predigt und Wein trinkt! Mit der Umsetzung hapert es dann und geht es immer nur so weit, dass es mir gerade nicht wehtut!

SPRECHER/IN 2: Was ist denn das für ein Typ?

SPRECHER/IN 5: Ein Spinner, ein Verrückter! „So spricht euer Gott", der hat sie doch nicht mehr alle!

AMOS: So spricht euer Gott:

Seht, eure brüchige Wohlstandsinsel wird unter euren Füßen zerbrechen. Eure Ungerechtigkeit, eure Friedlosigkeit, eure sinnlose Verschwendungssucht werden euch einholen. Die geknechteten Völker werden sich ihr Recht holen, die geschändeten Frauen euch ins Gesicht spucken, und die Erde wird keine Nahrungsmittel mehr hervorbringen.

SPRECHER/IN 2: Der ist wohl total verrückt geworden!

AMOS: So spricht euer Gott:

Nie vergesse ich eure Taten! Ich verwandle eure Feste in Trauer, in Grabgesang eure Lieder. Trauerkleider sollt ihr tragen und eure Haare scheren!

(*AMOS BAHNT SICH EINEN WEG DURCH DIE MENGE UND GEHT.*)

SPRECHER/IN 5 (*LACHEND*): Das ist wirklich der totale Spinner, so einen Quatsch habe ich ja schon lange nicht mehr gehört!

SPRECHER/IN 2: Mir ist gar nicht nach Lachen zumute. Was ist, wenn es wahr ist, was er sagt, wenn seine Worte prophetische Worte waren?

SPRECHER/IN 1: Verlassen wir jetzt diese Szene, kehren wir zurück von der etwas verunglückten Zeitreise zu *unserer Versammlung/Konferenz/Tagung.*

AMOS: Ja, geht zurück zu *eurer Versammlung/Konferenz/Tagung ...*, beschließt eure *Anträge (o.ä.)* und vergesst vor lauter Diskutieren das Handeln nicht! Und stärkt euch dafür mit meinen Maulbeerfeigen (*VERTEILT SIE*).

Besuch der Hl. Drei Könige (nach Mt 2, 1–12)

Worum es geht: Die Hl. Drei Könige besuchen eine Konferenz
Personen: 7 (Hl. Drei Könige, Konferenzteilnehmer/in, 3 Gelehrte)
Material: vergoldete Nüsse, goldene Schokoladentaler o.ä. zum Verteilen
Sprechdauer: ca. 15 Minuten

KÖNIG 1: Oh, wo sind wir denn hier gelandet? Auf unserer Hinreise sind wir hier aber nicht vorbeigekommen.

KONFERENZTEILNEHMER/IN: Ihr seid hier bei der *X-Konferenz des Y-Verbandes in Z-Stadt im ABC-Haus.* Wir sind hier heute auch erst angekommen und fangen gerade an. Und wo kommt ihr her? Wolltet ihr nicht hierhin?

KÖNIG 1: Ob wir hierhin wollten oder nicht, ist schwer zu sagen. Und wo wir herkommen, ist eine lange Geschichte. Mögt ihr Geschichten?

KONFERENZTEILNEHMER/IN: Hm, ja!

KÖNIG 1: Dann werden wir sie euch erzählen.

Wir kommen von weit her und aus einer anderen Zeit. Wir sind eigentlich keine Könige, sondern Magier, Sterndeuter. Heute würdet ihr wohl sagen: Astronomen. Wir lebten vor knapp 2000 Jahren in Babylon. Dieses Land ist längst von der Landkarte verschwunden, heute nennen sich die Länder dort Iran und Irak.

KONFERENZTEILNEHMER/IN: Und eure Geschichte?

KÖNIG 1: Oh, Verzeihung! Stimmt, ich wollte euch meine Geschichte erzählen. Sie beginnt vor knapp 2000 Jahren: Als Sterndeuter beobachteten wir jeden Abend den Lauf der Gestirne. Wir glaubten damals, dass mit jedem Menschen ein neuer Stern geboren wird, der mit seinem Tod wieder verlischt. So haben das Geschehen am Himmel und auf der Erde etwas miteinander zu tun.

KÖNIG 2: Eines Abends, als wir wie jeden Tag die Sterne beobachteten, entdeckten wir einen neuen Stern. Es war ein großer schöner strahlender Stern, ein Wunderstern. Er zog uns magisch an. Abend für Abend beobachteten wir ihn und diskutierten nächtelang. Was hatte es auf sich mit diesem Stern, welche Bedeutung hatte er? Sollte in dem fernen Land, auf das unser Stern hindeutete, das Wunder geschehen sein?

KÖNIG 3: Sollte endlich ein neuer König geboren worden sein – nicht irgendein König, sondern der, mit dessen Herrschaft sich alles verwandelt, mit dessen Herrschaft alles neu wird: ein König, der Frieden bringt und Gerechtigkeit, ein König, der dafür sorgt, dass die Armen satt werden, dass alle Menschen Arbeit haben und ein Dach über dem Kopf und einen Ort, wo sie sich zu Hause fühlen können, ein König, der die Gefangenen befreit und die Kranken heilt?

KÖNIG 1: Ihr könnt euch sicher vorstellen, wie aufgeregt wir waren. Und in einer Nacht reifte in uns die Idee. Wir müssen in dieses Land ziehen und diesen König suchen. Wir müssen ihn kennen lernen. Uns war klar, dieser König verändert unser Leben. Und wir beschlossen, dem Stern zu folgen. Wir haben noch in der Nacht gepackt und sind losgezogen.

KÖNIG 2: Und so sind wir dann aufgebrochen. Wir haben unseren Alltag zurückgelassen, unsere Familien und unsere Freundinnen und Freunde. Wir sind losgezogen in eine ungewisse Zukunft, mit vielen Fragen unter den Füßen: Was würde uns die Reise bringen? Würden wir finden, was wir suchen? Würden wir am Ende der Reise noch die Gleichen sein?

KÖNIG 3: Wir haben unsere ganze Erfahrung mit auf die Reise genommen und unsere Erlebnisse von zu Hause. Unsere Visionen und Träume über diesen neuen König haben uns auf dieser Reise begleitet. Voller Erwartung sind wir Schritt für Schritt, Nacht für Nacht dem Stern gefolgt. Wir waren gespannt, neugierig, mutig und ängstlich zugleich. Wen würden wir auf unserer Reise treffen? Was würden wir am Ziel unserer Reise vorfinden? Wer würde uns begegnen?

KONFERENZTEILNEHMER/IN: Die Geschichte verspricht spannend zu werden. Wie geht sie denn weiter?

KÖNIG 1: Der Stern führte uns nach Judäa. Die Hauptstadt von Judäa war Jerusalem, und dort zogen wir dann auch hin, obwohl wir den Stern seit einiger Zeit nicht mehr sahen. Mich verunsicherte dies zwar etwas. Aber die anderen erklärten mir, dass uns der Stern weit genug geführt hätte und dass es doch logisch wäre, dass der neue König im Königspalast in der Hauptstadt geboren wird. Und so besuchten wir zuerst den König Herodes.

KÖNIG 2: Der gute Herodes fiel aus allen Wolken, als wir ihm von dem Stern erzählten und ihn nach dem neugeborenen König fragten. Er erschrak richtig. In seine machthungrigen Augen kam ein ängstliches und hektisches Flattern.

KÖNIG 3: Aber zu uns war er überaus freundlich und ließ seine Gelehrten rufen, die ihre dicken Bücher wälzten. Und beim Propheten Micha und Jesaja und im Buch Samuel wurden sie dann auch fündig. Sie bestätigten unsere Annahme und lasen uns aus ihren Büchern vor:

GELEHRTER 1: Es stimmt, die Schriften sprechen von einem göttlichen Kind, einem neuen König, der in Betlehem geboren werden soll. Dieser neue König soll ähnliche Macht erlangen wie der legendäre König David.

GELEHRTER 2: Aber du, Betlehem-Efrata, so klein unter den

Gauen Judas, aus dir wird hervorgehen, der über Israel herrschen soll. Sein Ursprung liegt in ferner Vorzeit, in längst vergangenen Tagen. Darum gibt der Herr sie preis, bis die Gebärende einen Sohn geboren hat. Dann wird der Rest seiner Brüder und Schwestern heimkehren zu den Söhnen und Töchtern Israels. Er wird auftreten und ihr Hirt sein in der Kraft des Herrn und im hohen Namen Jahwes, seines Gottes. Sie werden in Sicherheit leben; denn nun reicht seine Macht bis an die Grenzen der Erde. Und er wird der Friede sein.

So steht es geschrieben bei dem Propheten Micha in Kapitel 5.

GELEHRTER 3: Und bei Jesaja im Kapitel 60 ist zu lesen:

Auf, werde licht, denn es kommt dein Licht, und die Herrlichkeit des Herrn geht leuchtend über dir auf. Denn siehe: Finsternis bedeckt die Erde und Dunkel die Völker, doch über dir geht leuchtend der Herr auf, seine Herrlichkeit erscheint über dir.

Völker wandern zu deinem Licht und Könige zu deinem strahlenden Glanz. Blick auf und schau umher: Sie alle versammeln sich und kommen zu dir. Deine Söhne kommen von fern, deine Töchter trägt man auf den Armen herbei.

KÖNIG 1: Als wir diese Texte hörten, wussten wir, dass wir auf dem richtigen Weg waren. Unsere Ahnungen fanden sich in den Schriften wieder. Unsere Träume und Visionen schienen sich zu erfüllen. Wir wurden ganz unruhig und wollten weiter, wollten diesen neuen König finden, ihn kennen lernen. Wir wollten ihm dienen. Heute würdet ihr wahrscheinlich eher sagen: mit ihm zusammen an der Veränderung der Welt arbeiten, mit ganzer Kraft, mit Herz, Hand und Verstand. Wir jedenfalls wussten, wir mussten nach Betlehem.

KÖNIG 2: Bei den Gelehrten passierte jedoch nichts. Sie legten uns seelenruhig die Schrift aus und debattierten, wie nun welches Wort zu deuten sei. Keiner von ihnen machte irgendwelche Anstalten, uns zu begleiten. Die blieben schön in ihrem Elfenbeinturm, da waren sie sicher.

KÖNIG 3: Unser Gastgeber hingegen wurde auch unruhig, sein Schrecken vertiefte sich. Wir wurden genauestens über den Stern befragt, und was wir von dem Kind wissen. Und dann bat uns der König eindringlich, doch nach Betlehem zu gehen und weiter nach dem Kind zu forschen, und wenn wir es gefunden hätten, zu ihm zurückzukehren und ihm zu berichten. Auch er wolle dem Kind dann huldigen. Mit diesen Worten wurden wir verabschiedet und fanden uns auf der Straße vor dem Königspalast wieder. Und da war auch unser Stern wieder.

KONFERENZTEILNEHMER/IN: Und wie ging es weiter?

KÖNIG 1: Der Stern begleitete uns auf unserem Weg nach Betlehem. Und dort fanden wir den neuen König – ein Kind.

KÖNIG 2: Wir waren sprachlos. Glück, Freude, Staunen – alles ging in diesem Augenblick durcheinander. Wir haben unseren Gefühlen nachgegeben und uns vor dem Kind niedergeworfen.

KÖNIG 3: Wir erlebten Augenblicke, die unser Leben umgekrempelt haben. Wir erlebten den Beginn einer neuen Zeit. Wir spürten unser Leben bis in die Fingerspitzen. Es war ein Fest!

KÖNIG 1: Wir sind mit unserer Geschichte noch nicht ganz zu Ende. Wie ihr gehört habt, haben wir dem neugeborenen König Geschenke mitgebracht. Ich habe ihm Gold mitgebracht, wie es sich für einen König gehört, Gold als Zeichen seiner Macht. Und ich hoffte, dass er machtvoll und klug und weise politisch handeln würde.

KÖNIG 2: Ich habe dem göttlichen Kind Weihrauch mitgebracht. Ich wollte die religiöse Dimension seines Lebens aufscheinen lassen.

KÖNIG 3: Mit einer gewissen Vorahnung habe ich dem Kind Myrrhe mitgebracht, ein bitteres Heilkraut aus meiner Heimat für die schweren Zeiten in seinem Leben.

KÖNIG 1: Unsere Gaben bringen wir auch euch mit.

KÖNIG 2: Wir wünschen euch, dass der menschgewordene Gott bei euch ist in den nächsten Tagen und *eure Zusammenkunft* getragen wird von dem Geist dieses Kindes.

KÖNIG 3: Wir wünschen euch *einen guten Konferenzverlauf, sachliche Diskussionen und faire Auseinandersetzungen und Beschlüsse, die eure Gemeinschaft* voranbringen.

Wir wünschen euch, dass ihr miteinander Freude habt und Zeit bleibt zu feiern, und dass dabei ein Hauch des uns versprochenen Lebens in Fülle zu spüren ist.

Und wir wünschen euch, dass ihr die schwierigen Situationen, die Konfliktpunkte, die Augenblicke, die bitter schmecken, aushalten und durchstehen könnt.

(*DIE KÖNIGE VERTEILEN IHRE GABEN, GGF. GEMEINSAMER AUFBRUCH UND GANG IN DEN KONFERENZRAUM.*)

Das Gleichnis vom Schatz im Acker

(nach Mt 13, 44–46)

Worum es geht: Ein neues *Grundsatzprogramm/wichtiger Leitantrag/eine neue Beschlusslage* soll auf allen Ebenen bekannt gemacht werden. (Angenommen wird in diesem geistlichen Impuls, dass die Hauptversammlung eines Verbandes einen zukunftsweisenden Leitantrag o.ä. bereits verabschiedet hat.)

Personen: 3 (Sprecher/in, Jesus, Kaufmann)

Material: der verabschiedete *Leitantrag/Beschluss/Programm* eventuell zum Verteilen an alle

Sprechdauer: ca. 5 Minuten

SPRECHER/IN: Jesus erzählte einmal seinen Jüngern das folgende Gleichnis:

JESUS: Mit dem Himmelreich ist es wie mit einem Schatz, der in einem Acker vergraben ist. Ein Mann entdeckte ihn, grub ihn aber wieder ein. Und in seiner Freude verkaufte er alles, was er besaß, und kaufte den Acker.

SPRECHER/IN: Und heute?

KAUFMANN: Ich habe mir nach dem Abi gesagt: Wer nicht weiß, was er wird, wird Wirt. Deshalb habe ich ordentlich studiert und bin jetzt freischaffender Unternehmer, Kaufmann sagte man früher. Ich kaufe Grundstücke, teile sie in Parzellen und verkaufe sie wieder. Wenn ich ein Grundstück für eine Million gekauft habe, sehe ich zu, dass ich es für anderthalb Millionen weiterverkaufe. Und davon lebe ich dann. Ist mir doch die Tage *(Termin der Versammlung)* was Komisches passiert: Geh ich den alten Bahndamm lang, da bei (*XYZ-Stadt*) um die Ecke, wo das große Bildungshaus steht – *St. N.N.* heißt es, glaube ich –, so ein katholischer Laden, und da trifft sich auch gerade so ein komischer kirchlicher Verein, *N.N.* oder wie der Laden heißt ... Halt ich ja nicht viel davon, muss ich sagen, das sind alles so Idealisten, die sollen mal warten, wie es im harten Wirtschaftsleben zugeht. Da läuft nix mit Ökologie und Schöpfung und so ...!

Die anderen Jahre bin ich um die Zeit ja immer in den Winterurlaub gefahren mit meiner Lebensabschnitts-Teilzeit-Gefährtin. Aber diesmal ist mir was Komisches passiert.

Aber was red ich! Also da gibt's ein Baugrundstück, Brachland, auf das ich schon lange spekuliere. Das hätte ich gerne. Da würde sich was Tolles mit machen lassen: Eigentumswohnungen, ein paar Firmen vielleicht ... Die Lage ist nicht schlecht und die Rendite wäre ordentlich.

Wie ich so drüber nachdenke, liegt da 'ne alte rostige Kiste in der Ecke. Na, es war schon dunkel, ich hatte keine Zeit mehr, mal reinzuschauen, was drin ist. Da hab ich sie unter einen Brennnesselhaufen geschoben und gedacht: Die Tage siehst du dir das mal genau an. Wie ich zu Hause war, war ich rich-

tig aufgeregt, so was ist mir schon lange nicht mehr passiert. Und geträumt hab ich in der Nacht, dass ich heute einen Piratenschatz oder Saurierknochen oder alte Goldmünzen finde ... Na, und deshalb laufe ich hier rum.
Also wo war das gleich, das muss ich doch wieder finden, gar nicht so einfach ...
Ach ja, hier! Verdammt, die blöden Brennnesseln!
Na, was haben wir denn da?
Vielleicht ja noch was viel Besseres als Saurierknochen und Piratenschätze!
Ja, wie das glitzert und glänzt!
So, hier isses! Der Schatz im Acker! Na, wenn das nicht besser ist als die besten Saurierknochen und Piratenschätze!
(ZEIGT DEN VERABSCHIEDETEN LEITANTRAG/BESCHLUSS/PROGRAMM.)

Justa und Jesus (nach Mk 7, 24–30)

Worum es geht: Beharrlichkeit einer Frau Jesus gegenüber
Personen: 3 (Sprecher/in, Justa, Jesus)
Sprechdauer: ca. 5 Minuten

SPRECHER/IN: Für diesen geistlichen Impuls müssen wir eine Reise durch Raum und Zeit antreten. Stellen wir uns also vor, wir verlassen Deutschland und Europa, gehen durch Raum und Zeit ca. 2000 Jahre zurück und landen in Tyrus, einer geschäftigen, quirligen Hafenstadt in Phönizien.
Nach einer langen Reise quer durch Galiläa ist Jesus müde, sehnt sich nach Ruhe und danach, nicht von den Leuten in der Stadt erkannt zu werden. Freunde bieten ihm Zuflucht in ihrem Haus, und er bittet sie, seine Ankunft geheim zu halten.

Eine reiche Griechin – spätere Generationen haben sie Justa, die, die Gerechtigkeit will, genannt – findet ihn trotzdem und bittet ihn um die Heilung ihrer Tochter, die von einem Dämon besessen ist.

JUSTA (*AUF DEM WEG ZU JESUS, SICH SELBST FRAGEND*): Wer ist wohl dieser Jesus? Was kann er wirklich? Ob das stimmt, was von ihm erzählt wird? Und selbst wenn? Kann ich als Griechin, als Fremde, es wagen, ihn um die Heilung meiner Tochter zu bitten?

Ist er auch einer von den Juden, die so sehr daran glauben, das auserwählte Volk zu sein, dass ihnen egal ist, wie die Menschen um sie herum leben?

Wie viele Enttäuschungen habe ich in den letzten Jahren schon erlebt! Wunderheiler und Scharlatane haben mir Hoffnungen gemacht, die sich dann nicht erfüllt haben.

Es hilft nichts – auch wenn es nur eine kleine Chance gibt: Ich muss es versuchen. Ich muss es einfach wagen, meiner Tochter zuliebe. Da vorne sind sie ja schon. Da steht dieser Jesus inmitten seiner Leute.

(*ZU JESUS GEWANDT:*) Herr, ich bitte dich, hilf mir und meiner Tochter, und nimm den Dämon von ihr!

JESUS (*BLICKT DIE FRAU FRAGEND, ZWEIFELND AN, SO, ALS OB ER SICH VERHÖRT HABE, UND SAGT DANN ZU SICH SELBST*): Warum lässt diese Frau mich nicht in Ruhe, was will die eigentlich von mir? Ist der nicht klar, dass ich zu meinem Volk, zu den Jüdinnen und Juden gesandt bin und zu sonst niemandem? Das ist wirklich eine Unverschämtheit.

(*ZU JUSTA GEWANDT:*) Ich habe meine Aufgabe bei meinem eigenen Volk noch lange nicht erfüllt. Es ist nicht recht, das Brot den eigenen Kindern wegzunehmen und es euch Hunden, den Heiden, vorzuwerfen.

JUSTA (*SEUFZT UND HOLT TIEF LUFT, DANN ZU SICH SELBST*): Das ist ein Hammer, mit so einer Abfuhr habe ich nicht gerechnet. Das sitzt. Aber ich habe jetzt keine Zeit, dieser Kränkung nachzugehen, meine Verletzung zu zeigen. Irgendwo muss in dieser Argumentation doch ein Punkt sein, an dem ich einhaken kann.

(*DENKT NACH*) Genau!

(*ZU JESUS DEMÜTIG UND UNTERTÄNIG, ABER KEINEN ZENTIMETER ZURÜCKWEICHEND:*) Gewiss, Herr, doch auch die Hunde unter dem Tisch fressen von den Brocken der Kinder. Und deshalb bitte ich dich nachdrücklich, heile meine Tochter.

JESUS (*BLICKT ERSTAUNT AUF DIE FRAU, VERSUCHT DEN SINN IHRER WORTE ZU ERGRÜNDEN, ZU SICH SELBST:*)

Eine ungewöhnliche Frau, mutig, kämpferisch, und sie hat Recht. Ich kann mich ihrer Argumentation nicht verschließen, und ich kann ihre Bitte nicht ablehnen.

(*ZU JUSTA:*) Um dieses Wortes willen, geh hin, der Dämon ist aus deiner Tochter ausgefahren.

JUSTA (*WENDET SICH AB*): Als ich nach Hause kam, war meine Tochter geheilt. Es war wie ein Fest, wie der Beginn eines neuen Lebens. Mein Kampf und meine Beharrlichkeit waren nicht vergebens gewesen.

SPRECHER/IN: Kehren wir durch Raum und Zeit wieder zurück, verlassen wir Tyrus und kommen wir wieder zurück nach *ABC-Stadt*.

In dieser kurzen Szene aus dem Neuen Testament wurde Jesus von einer für ihn ausländischen Frau herausgefordert. Eine Fremde und dazu noch eine Frau wagt es, sich ihm zu widersetzen und an ihrer Bitte hartnäckig festzuhalten.

Und Jesus lässt sich in dieser kurzen Begegnung voller Dynamik in Frage stellen. Ihm geht in diesem Gespräch auf, Heil und die Heilszusage sind nicht teilbar. Ein bisschen Heil oder Heil nur für ein Volk gibt es nicht.

Geisterbeschwörung (nach Mk 9, 14–29)

Worum es geht: Den Verwicklungen des Lebens nicht noch das Durcheinander der eigenen Person hinzufügen

Vorbereitung: Veranlassen, dass der geistliche Impuls mit Volksgemurmel, Disput, Aufruhr, Diskussionen beginnt und die Mitwirkenden eingewiesen sind

Personen: mindestens 6 (Sprecher/in, Jesus, 2 aus dem Volk [darunter Vater], Junge, Jünger)

Sprechdauer: ca. 6 Minuten

MENSCHENMENGE: (*VERURSACHT LAUTES VOLKSGEMURMEL, DISPUT, AUFRUHR, DISKUSSIONEN*)

SPRECHER/IN: Hallo, es reicht! Jetzt aber mal Schluss! (*ZU DEN ZUHÖRER/INNEN GEWANDT:*) Was ihr hier erlebt, ist eine Szene etwa im Jahre 30. Jesus ist mit seinen Jüngern ganz oben im Norden des Landes Galiläa. Ich weiß nicht, ob ihr mitbekommen habt, was hier los ist:
Die Jünger und Jüngerinnen Jesu (*SIE HEBEN DIE HÄNDE*) diskutieren mit den Schriftgelehrten Jesu (*SIE HEBEN DIE HÄNDE*) vor einer großen Volksmenge. Hören wir einmal genauer zu:

JESUS: Was diskutiert ihr denn da miteinander?

EINER AUS DER VOLKSMENGE: Meister, ich habe meinen Sohn zu dir gebracht, der von einem stummen Geist besessen ist. Wenn der Geist meinen Sohn packt, zerrt er ihn hin und her. Dann schäumt er, knirscht mit den Zähnen und liegt starr da. Ich habe deinen Jüngern gesagt, sie möchten den Geist austreiben, aber sie konnten es nicht.

JESUS: Ach, ihr kapiert aber auch gar nichts, ihr ungläubigen Leute! Wie lange soll ich euch noch ertragen? Bringt den Jungen zu mir her!

JUNGE: (*WIRFT SICH IN KRÄMPFEN AUF DEN BODEN, SCHREIT UND WÄLZT SICH*)

JESUS (*ZUM VATER*): Wie lange ist es her, dass er das schon hat?

EINER AUS DER VOLKSMENGE: Schon von Kindheit an. Oft hat ihn der böse Geist ins Feuer und ins Wasser geworfen, um ihn zu töten. Aber wenn du kannst, hab Mitleid mit uns, und hilf uns.

JESUS: Was heißt: Wenn du kannst? Wer glaubt, kann alles.

EINER AUS DER VOLKSMENGE: Ich glaube! Hilf meinem Unglauben!

JESUS (*DROHT DEM GEIST*): Du böser Geist! Ich befehle dir: Fahre aus, und kehre nicht mehr zurück!

JUNGE: (*SCHREIT, SCHÜTTELT SICH, LIEGT WIE TOT DA*)

EIN ANDERER AUS DEM VOLK: Er ist gestorben!

JESUS: Nein, er ist gesund. Und er soll gesund bleiben.

SPRECHER/IN: So weit diese Geschichte. Leider geht es uns heute oft so, dass unsere bösen Geister sich nicht so leicht austreiben lassen. Manche sind doch recht hartnäckig. Das merken wir immer wieder, vielleicht auch hier bei uns (*unserer Versammlung)*, dass trotz guten Willens die bösen Geister ziemlich mächtig sind.
Die Geschichte hat noch einen Nachtrag in der Bibel. Und der geht so: Wir lesen, dass Jesus mit seinen Jüngern nach Hause kommt und sie ihn dort fragen:

JÜNGER: Meister, warum konnten wir den bösen Geist nicht austreiben?

SPRECHER/IN: Hören wir, was Jesus antwortet!

JESUS: Solche bösen Geister könnt ihr erst austreiben, wenn ihr die Angst um euch selber verliert und wenn ihr den Verwicklungen des Lebens nicht noch das Durcheinander eurer eigenen Person hinzufügt!

Auferstehung (nach Mk 16, 1–8 parr.)

Worum es geht: In Berührung kommen mit dem Geheimnis der Auferstehung

Personen: 7 (Sprecher/in 1+2, Maria 1+2, Salome, Johanna, Engel)

Material: Gefäße mit Salböl für die vier Frauen

Sprechdauer: ca. 10 Minuten

SPRECHER/IN 1: Schau mal, da versammeln sich vier Frauen. Kennst du sie?

SPRECHER/IN 2: Ich denke, es sind Maria aus Magdala, Maria, die Mutter des Jakobus, Salome und Johanna, alles Jüngerinnen Jesu.

SPRECHER/IN 1: Die Frauen sehen müde aus, traurig, ihre Augen sind leer. Sie scheinen einen schweren Schicksalsschlag hinter sich zu haben.

SPRECHER/IN 2: Wo sie jetzt wohl hinwollen mit ihren Salbgefäßen in der Hand?

SPRECHER/IN 1: Und worüber sie sich wohl unterhalten?

MARIA 1: So, die Salben für den Toten sind fertig. Lasst uns jetzt am frühen Morgen zum Grab gehen.

MARIA 2: Ja, lasst uns gehen. Bewegung und frische Luft werden uns gut tun.

SALOME: Und wenn wir seinen Leichnam salben, werden wir vielleicht eher begreifen, eher akzeptieren können, dass er tot ist.

(*DIE FRAUEN GEHEN LOS.*)

JOHANNA (*FRAGT UNTERWEGS*): Seht nur, der große Stein vor dem Grab. Daran haben wir nicht gedacht. Wer könnte uns wohl den Stein vom Eingang des Grabes wegwälzen?

MARIA 1: Johanna, du bist praktisch wie immer. Aber du hast Recht. Nun ja, irgendwie werden wir es schon schaffen.

SPRECHER/IN 1: Plötzlich bebt die Erde. Ein Engel des Herrn

kommt vom Himmel herab. Er rollt den Stein vom Grab weg, setzt sich darauf. Er leuchtet wie ein Blitz, und sein Gewand ist schneeweiß.

(*DIE FRAUEN DRÄNGEN SICH DICHT ANEINANDER, SUCHEN GEGENSEITIG BEI SICH SCHUTZ UND HALTEN SICH FEST.*)

SALOME: Meine Güte, was war das, ein Erdbeben, das kann nichts Gutes bedeuten, lasst uns umkehren!

MARIA 2: Und dieses Licht, ich bin wie geblendet, ich kann gar nichts mehr sehen.

MARIA 1: Der Stein, der Stein vor dem Grab ist weg …

JOHANNA: Und von dem Stein geht dieses Licht aus …

ENGEL: Fürchtet euch nicht, ihr Frauen. Ich weiß, ihr sucht Jesus, der ans Kreuz genagelt wurde. Er ist nicht hier. Er ist auferstanden. So wie er es vorausgesagt hat. Kommt her und seht die Stelle, wo er gelegen hat.

MARIA 2: Auferstanden?

SALOME: Er soll leben? Ich kann es nicht glauben!

JOHANNA: So ein Quatsch. Sie haben ihn uns weggenommen!

MARIA 1: Das Grab ist leer? Das Licht sagt, er ist auferstanden? (*ZÖGERLICH*) Er ist wirklich auferstanden, er lebt.

ENGEL: Und jetzt geht schnell zu seinen Jüngern und sagt ihnen: Gott hat ihn vom Tod erweckt! Er geht euch voraus nach Galiläa, dort werdet ihr ihn sehen. Ihr könnt euch auf mein Wort verlassen.

SPRECHER/IN 1: Erschrocken und doch voller Freude verlassen die Frauen das Grab. Sie laufen zu den Jüngern, um ihnen die frohe Botschaft zu verkünden.

SPRECHER/IN 2: An allen wichtigen Stellen der Bibel scheinen Engel aufzutauchen, als Menschen, als Fremde, als Stimme, im Traum oder wie hier als Lichtwesen.

SPRECHER/IN 1: Wenn ich es mir recht überlege, bleiben Engel für mich unbekannte Wesen.

SPRECHER/IN 2: Vielleicht soll das ja auch so sein. Engel sind für mich so etwas wie Hinweisschilder in Sachen Gott, sind Lichtwesen, die Gott durchscheinen lassen.

SPRECHER/IN 1: Lichtwesen als Hinweisschilder – das ist mir zu kompliziert! Ich würde lieber noch mal den vier Frauen zuhören, bevor wir jetzt in die Theologie oder besser gesagt Angelologie abheben und unsere Zuhörerinnen und Zuhörer zu langweilen beginnen.

SPRECHER/IN 2: Das ist eine gute Idee! Hast du nicht gerade gesagt, dass die Frauen zu den Jüngern eilen, um ihnen die frohe Botschaft zu verkünden? Vielleicht können sie uns auf dem Weg ja mit ihrem Salböl stärken, denn wir haben heute noch eine Menge *wichtiger Beschlüsse zu fassen/viel zu tun/ vieles zu erledigen.*

(*DIE VIER FRAUEN SALBEN DIE ZUHÖRERINNEN UND ZUHÖRER AUF DIE STIRN.*)

Versuchung durch Macht (nach Lk 4, 1–12)

Worum es geht: Versuchung durch das Angebot von Macht
Personen: 6 (2 Erzähler/innen, Teufel, Jesus, Sprecher/in 1+2)
Sprechdauer: ca. 5 Minuten

ERZÄHLER/IN 1: Berge im Alten und im Neuen Testament werden uns dieses Mal im geistlichen Impuls beschäftigen. Vom Berg als Ort der Gottesbegegnung haben wir schon öfter gehört. Dass man auf dem Berg aber durchaus auch anderen Gestalten begegnen kann, diese Erfahrung hat Jesus am Beginn seines öffentlichen Wirkens gemacht. Ort des Geschehens ist der so genannte Berg der Versuchung.

ERZÄHLER/IN 2: Stellt euch die Situation folgendermaßen vor: Jesus hatte sich zurückgezogen, um allein zu sein, um mit sich ins Reine zu kommen, um für sich zu klären, wie es denn mit ihm weitergehen soll.

ERZÄHLER/IN 1: Den örtlichen Gegebenheiten gemäß begibt er sich dazu zunächst in die Wüste. Da begegnet ihm der Teufel. Er führt ihn auf einen Berg und zeigt ihm in einem einzigen Augenblick alle Reiche dieser Erde. Dabei sagt er zu ihm:

TEUFEL: All die Macht und Herrlichkeit dieser Reiche will ich dir übergeben, denn sie sind mir überlassen, und ich gebe sie, wem ich will. Wenn du dich vor mir niederwirfst und mich anbetest, wird dir alles gehören.

ERZÄHLER/IN 2: Jesus antwortete ihm:

JESUS: In der Schrift steht: Vor dem Herrn, deinem Gott, sollst du dich niederwerfen und ihm allein dienen.

SPRECHER/IN 1: Teufel, Jesus, was geht es mich an, mir bietet keiner alle Reiche dieser Erde ...

SPRECHER/IN 2: Hey du, komm mit mir hier hoch! Ich will dir etwas zeigen.

SPRECHER/IN 1: Wenn es denn sein muss.

SPRECHER/IN 2: Schau her, ich lege dir deinen *ganzen Verband/deine Pfarrgemeinde/deine Gemeinschaft* zu Füßen. Du wirst Macht haben, du wirst beliebt und gefragt sein. Du wirst im Mittelpunkt stehen. Keiner wird mehr an dir vorbeikommen. Du wirst Einfluss haben. Du wirst die Leute auf deine Seite ziehen. Alle müssen nach deiner Pfeife tanzen. Na, was sagst du dazu, ist das nicht ein verlockendes Angebot?

SPRECHER/IN 1: Verlockend? Das ist ein Superangebot! Natürlich habe ich gern Macht, natürlich bin ich gern beliebt, möchte ich gern Leute beeinflussen. Aber die Sache hat doch einen Haken, oder?

SPRECHER/IN 2: Einen ganz kleinen.

SPRECHER/IN 1: Und der wäre? Na sag schon!

SPRECHER/IN 2: Ich bin derjenige/diejenige, der/die dir sagt, was du tust und lässt!

SPRECHER/IN 1: Ein tolles Angebot! Und was wird dann aus mir? Was wird aus dem, was mir wichtig ist? Was wird aus den Werten, die ich vertrete, Liebe, Gerechtigkeit, Verwirklichung des Reiches Gottes?

SPRECHER/IN 2: Da wirst du dich schon entscheiden müssen! Macht ist das größte Gut der Welt! Entscheide, denn mein Angebot ist in jeder Beziehung einmalig.

SPRECHER/IN 1: Ein verlockendes Angebot in der Tat, aber keines für mich. Der Preis ist mir zu hoch!

ERZÄHLER/IN 1: So weit diese kurze Szene am so genannten Berg der Versuchung. Sie zeigt uns, dass der Weg in die Berge nicht nur zu Perspektiven führt, die den Blick weiten und neues Leben eröffnen, sondern der Weg in die Berge kann auch zu Einsichten führen, die für die Einzelne, den Einzelnen und auch für die Gemeinschaft, in der diese Menschen leben, gefährlich sind.

ERZÄHLER/IN 2: Der Weg in die Berge enthält immer Chance und Gefahr. Die Chance ist: hinaufsteigen, mit sich allein sein, mit sich ins Reine kommen und so einen neuen Blick für Umwelt und Mitmenschen bekommen; die Gefahr ist: auf dem Berg bleiben zu wollen, weil es dort so schön ist, weil man hier oben die Sorgen des Alltags vergessen kann – oder die Gefahr, aus der Höhe auf die Menschen dort unten herabzublicken, nichts mehr mit ihnen zu tun haben zu wollen – und sie beherrschen zu wollen, wie die Szene am Berg der Versuchung zeigt.

Die Auferweckung eines jungen Mannes in Naïn
(nach Lk 7, 11–17)

Worum es geht: Psychologischer Zugang zur Geschichte von der Totenerweckung
Personen: 5 (Sprecher/in 1+2, Mutter, Sohn, Jesus)
Sprechdauer: ca. 6 Minuten

SPRECHER/IN 1: Menschen in unterschiedlichen Lebenssituationen und unterschiedlichen Notlagen sind Jesus begegnet. Auf ihrer manchmal sehr verzagten oder richtungslosen Suche nach Heilung haben sie sich an Jesus gewandt mit der Bitte, ihnen zu helfen. Jesus hat sich für diese Menschen Zeit genommen. Er hat Worte gefunden, durch die sie Mut zu verändernden Schritten gefunden, und Gesten, die sie dabei unterstützt haben. In der Begegnung mit Jesus hat sich das Leben dieser Menschen verändert, sie sind gesund, sie sind heil geworden. Ihr Leben ist reicher geworden: Leben in Fülle. Für sie hat Reich Gottes begonnen.
Auch in der kommenden Geschichte bedeutet die Begegnung mit Jesus eine Wende im Leben der Betroffenen.

SPRECHER/IN 2: Sie spielt vor den Stadttoren von Naïn. In diese Stadt war Jesus mit seinen Jüngern unterwegs. Eine große Menschenmenge ist ihnen gefolgt. Vor den Stadttoren treffen sie auf einen Trauerzug. Eine Witwe trägt ihren einzigen Sohn zu Grabe. Viele Leute aus der Stadt nehmen Anteil an ihrer Verzweiflung und ihrem Kummer und begleiten sie.

MUTTER: Mein Sohn ist tot. Ich bleibe zurück, voller Verzweiflung und allein. Warum nur, warum gerade er? Er war doch alles, was ich hatte. Er war meine Zukunft. Er hätte für mich sorgen können, wenn ich alt gewesen wäre. Als seine Mutter, als Mutter eines Sohnes war ich eine angesehene Frau in unserer Stadt. Er war die Hoffnung meines Lebens, er war mein Ein und Alles. Jetzt ist alles vorbei. Es ist, als wenn mit ihm ein Stück von mir stirbt.

SOHN: Ich bin dein einziger Sohn. Mit dem Tod meines Vaters ist für dich und mich eine Welt zerbrochen. Das hat auch unsere Beziehung nachhaltig verändert. Von heute auf morgen war ich der einzige Mann in der Familie. An mir hast du Halt und Stütze gesucht. Ich sollte die Rolle meines Vaters übernehmen, sollte so sein wie er, verantwortungsbewusst, immer gut gelaunt, die Familie gut in der Öffentlichkeit vertreten. Schließlich gehören wir ja zu den angesehenen Familien der Stadt. Als ich größer wurde, sollte ich seine Kleider tragen.

Gleichzeitig bin ich der kleine Sohn geblieben. Du hast mich mit deiner Liebe überschüttet und jeden meiner Schritte ängstlich behütet. Nichts durfte und konnte ich allein machen. Du wusstest immer genau, was für mich richtig war, welches der nächste Schritt zu sein hat.

Als ich größer wurde, spürte ich, dass ich meinen eigenen Träumen nachgehen wollte, ein eigenes Leben führen, meine eigenen Fähigkeiten entdecken und entwickeln. Mein Leben in die Hand nehmen – ein gutes Gefühl, die eigene Kraft zu spüren, die eigenen Fähigkeiten einzusetzen. Und doch, gleichzeitig macht mir das alles Angst. Je mehr ich ein eigener Mensch wurde, desto mehr hieltest du dich an mir fest, umklammerst mich mit deiner Liebe. Ich spüre deine Angst, nach Vater auch noch mich zu verlieren. Immer stärker lastet der Druck auf mir, in die Fußstapfen meines Vaters treten zu müssen.

Ich war ja immer dein gehorsamer Sohn. Ich werde nie ein eigenes Leben führen, ich werde ein erwachsenes Kind bleiben, eine schlechte Kopie meines Vaters.

Je mehr ich mich selber zurücknehme, desto weniger Platz bleibt für mich. Ich merke, wie mir die Luft zum Atmen ausgeht, wie deine Liebe mich erstickt, deine und die Erwartungen der anderen mich erdrücken.

Ich sterbe an deiner Liebe und den Erwartungen der anderen.
Du hast mich verloren.

SPRECHER/IN 2: Jesus empfindet Mitleid mit der Frau und tröstet sie. Dann wendet er sich dem toten Jungen zu und sagt zu ihm:

JESUS: Ich sage dir, steh auf. Ich traue dir zu, dass du dein Leben selbst in die Hand nimmst. Ich traue dir zu, dass du Mut und Phantasie hast, deine eigenen Ideen zu verwirklichen, und ich traue dir zu, dass du Kraft und Ausdauer hast, die Auseinandersetzungen, die dazu notwendig sind, auch auszutragen und auszuhalten. Ich sage dir, steh auf, und nimm dein Leben selbst in die Hand.

SPRECHER/IN 1: Lukas berichtet, dass der junge Mann aufstand und zu reden begann – als Zeichen seiner neuen Lebendigkeit, vielleicht auch als Zeichen einer beginnenden Eigenständigkeit. Die Geschichte endet damit, dass Jesus den jungen Mann seiner Mutter zurückgibt und die Menschen, die Zeugen dieses Ereignisses waren, erkennen, dass mit dem neuen Leben dieses Mannes Reich Gottes angebrochen ist.

SPRECHER/IN 2: Mit diesem Satz: „Und Jesus gab ihn seiner Mutter zurück", hatte ich bei der Vorbereitung ziemliche Probleme. Wozu das alles, wenn der junge Mann dann doch wieder in die alten Strukturen und die alte Tretmühle zurückmuss? Erst nach und nach ist mir aufgegangen, dass die Veränderung des Lebens, die Heilung des Lebens von Mutter und Sohn auch eine neue Beziehung zwischen Mutter und Sohn möglich werden lässt.

Für den aufrechten Gang (nach Lk 13,10–17)

Worum es geht: Zum Konferenzeinstieg ein Sprechspiel über die Heilung der gekrümmten Frau
Personen: 4 (Sprecher/in 1+2, Frau, Jesus)
Sprechdauer: ca. 15 Minuten

SPRECHER/IN 1: Guten *Abend*, ich freue mich, dass ihr hier seid! Wir haben uns für unsere *Konferenz/Versammlung* wieder viel vorgenommen. Aber bei allen unseren Diskussionen wollen wir nicht vergessen, wie wir Menschen uns helfen können, Menschen zu werden. Bei der Vorbereitung haben wir daher eine Heilungsgeschichte aus dem Neuen Testament ausgesucht, die Geschichte von der Heilung der gekrümmten Frau.

SPRECHER/IN 2: Stellen wir uns also vor: An *einem Abend* ähnlich wie diesem ist eine Gemeinde zusammengekommen. Unter den Teilnehmenden befindet sich auch eine unscheinbare Frau. Das einzig Auffällige an ihr ist die starke Krümmung ihres Rückens. Sie steht ganz am Rande in einer Ecke.

SPRECHER/IN 1: Ich möchte ein wenig mit euch nachempfinden, was eine solche Krümmung für einen Menschen bedeutet. Ich bitte euch, nehmt eine solch gekrümmte Haltung ein, indem ihr Kopf und Oberkörper nach vorn beugt.
Probiert mal aus, wie ihr jetzt steht, was ihr von eurer Umgebung noch seht, welches Gefühl und welche Möglichkeiten eigener Beweglichkeit bleiben.

SPRECHER/IN 2: Könnt ihr – jede und jeder für sich – noch einen Augenblick folgenden Fragen nachspüren:
Was belastet mich im Moment, welche Lasten drücken mich nieder, liegen auf mir? (*PAUSE LASSEN*)

SPRECHER/IN 1: Was ist mein größter Wunsch in Bezug auf das, was mich belastet und bedrückt? (*PAUSE LASSEN*)

SPRECHER/IN 2: Richtet euch bitte jetzt wieder auf.

SPRECHER/IN 1: Für eine kurze Zeit seid ihr in die Rolle dieser Frau geschlüpft. Wenn sie ihre Gedanken in Worte gefasst hätte, könnte es sich so angehört haben:

FRAU: Die letzten 18 Jahre haben meinen Rücken krumm werden lassen. Immer wieder habe ich mich dem Erwartungsdruck der anderen gebeugt. Zuerst dem meiner Eltern, sie wussten genau, wie ein ordentliches Mädchen zu sein habe, dann dem meiner Freundinnen und Freunde. Viele von ihnen schienen besser als ich zu wissen, was gut für mich ist, was ich zu tun und zu lassen habe. Andere haben immer nur ihre Sorgen auf meinem Rücken abgeladen, wollten von mir Hilfe und Unterstützung, wenn bei ihnen irgendetwas schief lief. Und dann der Leistungsdruck in Schule und Beruf, eine endlose Tretmühle.

Die ganzen Jahre über habe ich alles in mich reingefressen, meine Wut, meine Trauer über ungelebte Träume. Das zieht mich jetzt zu Boden.

In meinem Nacken sitzen die Erwartungen der anderen: Du musst, du sollst, es ist deine Pflicht. Von einer ordentlichen Frau erwarten wir eine Menge. Der Druck dieser Erwartungen ist riesig, sie drücken mich zu Boden.

In all den Jahren habe ich wenig Unterstützung gefunden, an der ich mich hätte aufrichten können. Je mehr sich mein Rücken krümmte, desto mehr Dinge habe ich aus den Augen verloren. Irgendwie bin ich auf diese Weise auch unsicherer geworden, habe den Boden unter den Füßen verloren.

Nur einmal möchte ich mich aufrichten können, um mich herumblicken und mit meinen Händen nach dem Himmel greifen.

SPRECHER/IN 2: Der Evangelist Lukas erzählt, dass das Leben dieser Frau an dem Abend in der Synagoge eine unerwartete Wendung erfährt. Jesus fällt die Frau auf, die niemand beachtet. Er sieht sie.

JESUS: Ich sehe dich, wie du da gekrümmt und klein in der

Ecke stehst. Ich sehe, welche Lasten an dir hängen und dich zu Boden ziehen. Ich sehe, welcher Druck auf dir liegt und dich zu Boden drückt. Aber ich sehe auch deine Träume. Und ich sehe, dass dir die Kraft, dein Leben in die Hand zu nehmen und nach deinen Vorstellungen zu gestalten, noch nicht verloren gegangen ist.

SPRECHER/IN 1: Und Jesus wendet sich dieser Frau zu. Er ruft sie zu sich und sagt:

JESUS: Frau, du bist nicht allein. Ich bin da, und ich glaube, dass du den Mut und die Kraft hast, aufrecht zu gehen.

SPRECHER/IN 2: Und Jesus legt ihr die Hände auf, und die Frau wird geheilt. Die Bibel erzählt weiter, dass sie über ihre neu gewonnenen Lebensmöglichkeiten so glücklich war, dass sie Gott aus vollem Halse lobte.

SPRECHER/IN 1: Ein ganz kleines Stück weit sind wir dieser Begegnung nachgegangen, haben miterlebt, wie Leben sich verändern kann und neu möglich wird.
Nehmen wir uns noch einen Augenblick Zeit für unsere eigenen Wünsche und spüren der Kraft nach, die wir brauchen, damit sie in Erfüllung gehen.

SPRECHER/IN 2: Ich bitte euch dazu, dass sich jeweils zwei von euch nochmals zusammenfinden. Einer bückt sich, der/die andere legt ihm/ihr die linke Hand zwischen die Schulterblätter und die rechte auf den Rücken zwischen Steißbein und Lendenwirbel und richtet ihn bzw. sie auf.
Tut dies bitte jetzt.
So, nun wünsche ich uns eine lebendige, aufrichtende *Konferenz/Versammlung* voller guter Begegnungen, fairen Streitens auch in harten Auseinandersetzungen und bitte euch, an eure Plätze zurückzukehren.

Das Gleichnis vom Hausbau (nach Lk 14, 25–30)

Worum es geht: Abreißen oder weiterbauen?
Personen: 4 (Sprecher/in, Jesus, Architekt 1+2)
Sprechdauer: ca. 6 Minuten

SPRECHER/IN: Und Jesus erzählte seinen Jüngerinnen und Jüngern folgendes Gleichnis:

JESUS: Wenn jemand von euch ein Haus bauen will, setzt er sich doch zuerst hin und überschlägt die Kosten. Er muss ja sehen, ob das Geld dafür reicht. Sonst hat er vielleicht das Fundament gelegt und kann nicht mehr fertig bauen. Alle, die das sehen, werden ihn auslachen und werden sagen: Dieser Mensch wollte ein Haus bauen, aber er kann es nicht vollenden. Ich sage euch: Keine und keiner von euch kann meine Jüngerin oder mein Jünger sein, wenn sie oder er nicht zuvor alles aufgeben, was sie haben.

SPRECHER/IN: Und was bedeutet das heute?

ARCHITEKT 1: Was ist denn das?

ARCHITEKT 2: Das ist *der ABC-Verein.*

ARCHITEKT 1: Sieht aber ein bisschen baufällig aus …

ARCHITEKT 2: Stimmt, und deshalb müssen wir uns auch überlegen, wie es weitergehen soll.

ARCHITEKT 1: So wie das aussieht, gibt es doch nur eins – abreißen!!!

ARCHITEKT 2: Immer langsam mit den jungen Pferden! Was einmal weg ist, ist weg.

ARCHITEKT 1: Hast du auch wieder Recht. Also, gucken wir uns erst mal genau an, was wir denn so haben!

ARCHITEKT 2: Genau, ich mache eine Skizze mit den Dingen, die vorhanden und noch brauchbar sind.

ARCHITEKT 1: Und ich schreibe auf, was *dem ABC-Verein* so fehlt.

ARCHITEKT 2: Wenn ich mir *den ABC-Verein* so angucke, dann gibt es da eine Menge fähiger Leute.

ARCHITEKT 1: Stimmt. Und die haben ziemlich viele gute Ideen.

ARCHITEKT 2: Und die meisten von ihnen sind ziemlich engagiert.

ARCHITEKT 1: *In vielen Gruppen* sieht es auch ganz gut aus, die Leute machen gute Arbeit und bringen eine Menge auf die Beine – eine solide Basis sozusagen.

ARCHITEKT 2: In anderen Gruppen bröckelt es eher, in manchen sogar ziemlich. Da wäre Aufbauarbeit angesagt.

ARCHITEKT 1: In Sachen Aufbauarbeit scheint es an zündenden Ideen und einem schlüssigen Konzept bisher ja eher gemangelt zu haben.

ARCHITEKT 2: Apropos Konzept und Ideen: Zumindest *auf Bundesebene* fehlt für die Umsetzung von Konzepten und Ideen oft das Geld. Geld müssen wir auch auf die Liste der fehlenden Dinge setzen.

ARCHITEKT 1: Gut, ich schreibe es auf deine Mängelliste. Dafür gibt es aber bisher einigermaßen funktionierende Verbandsstrukturen. Die Strukturen haben sich bisher auch als flexibel und an die jeweiligen Bedürfnisse anpassbar erwiesen. Das halte ich für eine tragende Säule.

ARCHITEKT 2: Und die zweite tragende Säule ist *die lange Tradition des Vereins.*

ARCHITEKT 1: Richtig, wie hieß das doch gleich? *„Lebensgestaltung in Christus"* (*oder Vergleichbares*).

ARCHITEKT 2: Genau, das eigene und verbandliche Handeln am Evangelium ausrichten, die Zeichen der Zeit erkennen und auf dieser Grundlage die Reform der Kirche voranbringen und sich in die Gesellschaft einbringen, darum geht es.

ARCHITEKT 1: Damit sind wir bei einer weiteren Grundlage *des ABC-Vereins*, seiner Ausrichtung am Evangelium.

ARCHITEKT 2: Stimmt, ein Eckstein sozusagen, die Grundlage

für seine Interessenvertretung und für das politische Handeln des Verbandes.

ARCHITEKT 1: Komisch, dass nur so wenige Leute *diesen Verein* kennen.

ARCHITEKT 2: Na ja, zum einen scheint er mir ein bisschen klein zu sein, und zum anderen: der Bereich *Öffentlichkeitsarbeit* scheint nicht gerade zu den Lieblingskindern der *Bundesleitung* zu gehören.

ARCHITEKT 1: Und wieder zwei Punkte für die Mängelliste: zu wenig Mitglieder, zu wenig profilierte Öffentlichkeitsarbeit.

ARCHITEKT 2: Mehr fällt mir im Moment nicht ein. Und – würdest du immer noch abreißen?

ARCHITEKT 1: Die Entscheidung ist nicht einfach. Abreißen oder weiterbauen: eine schwierige Frage!

ARCHITEKT 2: Wenn ich mir deine Liste so anschaue, gibt es schon ein paar gewichtige Gründe dafür, den Laden dichtzumachen.

ARCHITEKT 1: Anderseits zeigt deine Skizze, dass es sich lohnt weiterzubauen.

ARCHITEKT 2 (*ZU DEN ZUHÖRENDEN*): Meine sehr verehrten Damen und Herren, ...

ARCHITEKT 1 (*ZU DEN ZUHÖRENDEN*): ... wir wissen nicht, wie Sie entscheiden würden. Wir wissen nur:

ARCHITEKT 2: Hammer und Meißel, Steine und Mörtel, Kelle und Wasserwaage ...

ARCHITEKT 1: ... gibt es *nebenan* im Konferenzraum.

Blindenheilung (nach Lk 18, 35–43)

Worum es geht: Heilung des Blinden von Jericho
Personen: 7 (Sprecher/in 1+2, Blinder, 3 Schaulustige, Jesus)
Sprechdauer: ca. 10 Minuten

SPRECHER/IN 1: Heute Morgen geht es um die Heilung eines Blinden vor den Stadttoren Jerichos.

SPRECHER/IN 2: Beginnen wir mit einem Experiment: Nehmen wir uns einen Augenblick Zeit nachzuempfinden, was es heißt, nicht sehen zu können. Schließt die Augen für einige Minuten und versucht, mit den anderen Sinnen wahrzunehmen, was um euch herum passiert.

SPRECHER/IN 1: Was bekommt ihr von eurer Umwelt mit? Wie sieht es mit euren Möglichkeiten aus, euch zu orientieren? Was bedeutet es für euch, nicht sehen zu können? Spürt einige Augenblicke nach, wo eure blinden Flecke sitzen. Geht euren Empfindungen noch einen Augenblick nach und macht dann die Augen wieder auf, um zu sehen und zu hören, was sich vor knapp 2000 Jahren vor den Stadttoren Jerichos ereignet hat.

SPRECHER/IN 2: Um die biblische Geschichte von der Blindenheilung in Szene setzen zu können, brauchen wir eure Mithilfe. Stellt euch vor, *ABC-Stadt* ist Jericho und ihr seid die Menge, die mit Jesus unterwegs ist. Eine bunt zusammengewürfelte Menschenmenge ist aus vielen Orten zusammengeströmt, mit dem Ziel, Jesus kennen zu lernen. Ihre Motive sind sehr unterschiedlich: Neugier, Sensationslust, echtes Interesse. Sie wollen sich den neuen Messias mal genauer ansehen, weil man sich von ihm Rettung erhofft, weil man gucken will, ob er mit den eigenen Erwartungen übereinstimmt, weil man ihn für eine Gefahr für das bestehende staatliche und religiöse System hält und auf eine günstige Gelegenheit wartet, bei der man sich seiner entledigen kann.

SPRECHER/IN 1: Die Menge ist schon eine Weile zusammen und gemeinsam unterwegs auf dem Weg nach Jerusalem. Jesus hat unterwegs sehr intensiv mit den Leuten geredet. Es gibt also jede Menge Stoff zur Diskussion!

SPRECHER/IN 2: Jetzt kommt eure Aufgabe: Da ihr die Menge seid, bitte ich euch, mit den Leuten um euch herum zu diskutieren, in gemäßigter Lautstärke, denn es könnte ja etwas passieren, was ihr mitkriegen wollt.
Probiert es mal aus!

BLINDER: Hey, was ist denn da los? Wo kommen die ganzen Menschen her?

EINE GRUPPE SCHAULUSTIGER: Jesus, der Nazarener, kommt hier vorbei.

BLINDER: Jesus, Sohn Davids, hab Erbarmen mit mir.

EINE GRUPPE SCHAULUSTIGER: Sei ruhig, halt den Mund, stör nicht.

BLINDER (*RUFT LAUTER/SCHREIT*): Jesus Sohn Davids hab Erbarmen mit mir! Ich bin blind! Seit Jahren wird es für mich nicht mehr hell! Die Welt um mich herum bleibt dunkel! Ich sehe nicht, wohin ich gehe! Ich sehe nicht, was um mich herum passiert! Ich bin ständig auf die Hilfe anderer angewiesen! An manchen Tagen fühle ich mich der Krankheit und den Menschen um mich herum hilflos ausgeliefert!

SPRECHER/IN 1: Anders als die Menge, die den Blinden als Störenfried empfindet, nimmt Jesus sich Zeit. Er lässt sich in seiner bisherigen Tätigkeit unterbrechen und nimmt persönlichen Kontakt zu dem Blinden auf. Er wendet sich ihm zu, lässt ihn zu sich führen und fragt:

JESUS: Was soll ich dir tun?

1. SCHAULUSTIGE/R: Mann, ist das eine dämliche Frage! Das ist doch wohl offensichtlich, warum der Blinde so schreit. Das ist auch so ein armer Teufel, der glaubt, dieser Wunderrabbi könne ihm helfen.
2. SCHAULUSTIGE/R: Klar ist das offensichtlich, warum der

Blinde so schreit. Trotzdem finde ich die Frage nicht dämlich. Und Wunderrabbi hin oder her – dieser Jesus nimmt sich jedenfalls Zeit für den blinden Bettler. Und er sieht ihn, wie er ist: ein blinder Mensch. Er sieht das Elend dieses Menschen, aber er sieht auch die Kraft und die Hoffnung, die in ihm steckt.

3. SCHAULUSTIGE/R: Psst, sei mal ruhig! Der Blinde sagt was.

BLINDER: Ich möchte wieder sehen können! Ich möchte die Welt um mich herum selbst wahrnehmen können, möchte selber sehen können, wohin ich gehe! Ich möchte die Sonne sehen, die Farben dieser Welt und die Gesichter der Menschen! Ich möchte wieder sehen können!

JESUS: Du sollst wieder sehen. Dein Glaube hat dir geholfen.

1. SCHAULUSTIGE/R: Was sagt der da? Ich glaube, ich hör nicht richtig! Du sollst wieder sehen können? Dein Glaube hat dir geholfen? Dieser Wunderrabbi ist ein komischer Kauz! Als wenn diese zwei Sätze das Leben dieses armen Teufels verändern könnten!

2. SCHAULUSTIGE/R: Mensch, guck doch mal richtig hin. Der Blinde kann wieder sehen!

SPRECHER/IN 1: So oder so ähnlich könnte sich diese Szene vor den Stadttoren Jerichos abgespielt haben. Ein Blinder begegnet Jesus und bittet ihn eindringlich, ihn zu heilen. Jesus nimmt sich Zeit für diesen Mann und heilt ihn. Für uns moderne Menschen eine unglaubliche Geschichte und rational sicher auch nicht zu erklären.

SPRECHER/IN 2: Ein anderer Punkt ist mir an dieser Stelle auch wichtig. Die Begegnung zwischen dem Blinden und Jesus war eine heilsame Begegnung. Dem Blinden hat Jesus neue Lebensmöglichkeiten eröffnet. Wieder sehend kann er sein Leben eigenständiger gestalten, neue Fähigkeiten entwickeln und ausbauen. Sein Leben ist heller, bunter, reicher, heiler geworden: Leben in Fülle.

SPRECHER/IN 1: Leben in Fülle ist doch nicht nur diesem Blinden, sondern uns allen versprochen. Und dieses Leben in Fülle bedeutet auch, dass wir alle Fähigkeiten in uns zur Entfaltung bringen dürfen. Damit möchte ich den Bogen zurück in das Jahr *neunzehnhundertsoundso* schlagen: Blindenheilung *neunzehnhundertsoundso* heißt: Gott hat uns ein Leben in Fülle versprochen. Gott macht sehend. So können wir unsere eigenen blinden Flecken erkennen, uns verändern und wachsen.

SPRECHER/IN 2: Und wir können die blinden Flecken der Welt um uns herum erkennen!

Für den weiteren Verlauf *unserer Konferenz* wünsche ich uns dafür sehende Augen.

Nach der Auferstehung (nach Apg 1, 14)

Worum es geht: Frauen als Jüngerinnen Jesu
Personen: 3 (Eva, Maria, Ruth)
Sprechdauer: ca. 7 Minuten

EVA: Hallo, ich bin Eva aus der Bibel! Aber nicht die Frau vom Adam, falls ihr das jetzt denkt. Und ich komme auch sonst nicht im Alten Testament vor, sondern im Neuen! Jetzt sind die bibelfesten Leute unter euch wahrscheinlich erstaunt, wo es da eine Eva gibt – oder ob die erst in einem der Wissenschaft bislang entgangenen Text auftaucht, etwa in den neuen Funden aus Qumran oder in der „Verschlusssache Jesus" oder sonst einem Enthüllungs-Knüller.

Nun – ich will das Rätsel mal klären: Ich heiße Eva und bin eine der Jüngerinnen Jesu. Im Neuen Testament ist mein Name nicht genannt. Der Evangelist Lukas hat mich dort als eine der vielen Frauen beschrieben, die mit Jesus mitgezogen sind. Außer mir gibt es noch viele andere Jüngerinnen.

Und davon wollen wir euch erzählen und einigen Spuren nachgehen.

MARIA: Ich bin Maria. Ich habe den gleichen Namen wie meine Schwester, die Mutter von Jesus aus Nazaret. „Maria" ist in unserer Gegend ein bekannter Name, den viele Frauen tragen, z.B. auch meine Freundin Maria aus Magdala. Mein Mann heißt Klopas, und ich habe zwei Söhne und natürlich meinen berühmten Neffen Jesus. Ich bin seine Tante, und das ist nicht geflunkert. Könnt ihr nachlesen: bei Markus und Johannes.

Meine beiden Söhne heißen Jakobus und Joses und sind Vettern, also Cousins, von Jesus und gehören – wie ich – zum Kreis seiner Jüngerinnen und Jünger.

RUTH: Wir drei sind nicht die einzigen Jüngerinnen Jesu! Es gab viele Frauen, die ihm nachgefolgt sind.

Ich bin Ruth. Von mir berichtet Matthäus. Leider hat er vergessen, meinen Namen zu erwähnen. Er nennt mich die „Frau des Zebedäus". Ich habe auch zwei Söhne. Der erste heißt Johannes und der zweite heißt Jakobus.

Du, Maria, erzähl uns, wie du Jesus begegnet bist!

MARIA: Ich kenne Jesus, seit er ein kleiner Junge war. Aber ganz neu habe ich ihn kennen gelernt, als er später als Erwachsener öffentlich aufgetreten ist.

Einmal kam er nach Nazaret, wo er groß geworden war. Er redete am Sabbat in der Synagoge und ist bei einigen führenden Männern gleich negativ aufgefallen, weil er ihr selbstgerechtes Verhalten beim Namen genannt hat. Alle anderen aber, die ihm zuhörten, staunten und sagten: Woher weiß er das alles? Das ist doch der Zimmermann und der Bruder von Judas und Simon und Vetter von Jakobus und Joses!

So wie er hatte noch nie jemand mit uns gesprochen. Er war anders. Da habe ich was kapiert: Ich merkte, dass ich gemeint war, dass seine Aufmerksamkeit und seine Botschaft mir ganz persönlich galten. Und da wollte ich mit dazugehören: zu ihm und seinen Jüngern und Jüngerinnen.

RUTH: Bei mir war es ein bisschen anders, und das will ich euch erzählen:
Meine beiden Söhne Jakobus und Johannes gehörten sogar zum engen Kreis der Zwölf, die fast immer mit ihm zusammen waren. Kurz bevor Jesus in Jerusalem verurteilt wurde, passierte Folgendes: Mit einer Gruppe von Leuten zogen wir mit ihm zum Fest dorthin. Ich verstand damals ihn und seine Botschaft noch nicht richtig, und deshalb: Als sich unterwegs einmal eine Gelegenheit bot, habe ich zu ihm gesagt: „Versprich, dass meine beiden Söhne in deinem Reich rechts und links neben dir sitzen dürfen!"
Da hat Jesus die beiden gefragt: „Könnt ihr den Kelch trinken, den ich trinken werde?" Da antworteten sie mit „Ja", und Jesus sagte die unverständlichen Worte: „Den Platz zu meiner Rechten und zu meiner Linken habe nicht ich zu vergeben, dort werden die sitzen, für die mein Vater diese Plätze bestimmt hat."

EVA: Hast du denn verstanden, was er damit meinte?

RUTH: Damals noch nicht. Es gab erst einmal einen fürchterlichen Krach unter den Jüngern. Die anderen waren natürlich stocksauer, dass ich für meine Söhne die Plätze rechts und links neben ihm wollte. Ich gebe ja zu, ich war mächtig stolz auf die beiden ...
Begriffen, was Jesus damals meinte, habe ich erst viel später. Bei seinem Tod stand ich zusammen mit seiner Mutter und mit dir, Maria, mit Johannes und mit Maria aus Magdala unter dem Kreuz. Da habe ich verstanden, dass er mit den Plätzen rechts und links neben sich die zwei meinte, die mit ihm gekreuzigt wurden – und er meinte das wohl stellvertretend für alle Menschen, die von den anderen als Räuber und Verbrecher angesehen werden.

EVA: Von hoher Theologie verstehe ich nicht so viel. Was ihr da sagt, ist mir zu kompliziert. Ich hab das praktischer gesehen. Am Anfang war es bei mir so: Jesus und seine Zwölf brauchten ja etwas zu essen und zu trinken, und das fällt heute nicht mehr wie früher als Manna vom Himmel. Ich hatte ein bisschen was im Sparstrumpf, und damit habe ich ihn und seine Gruppe unterstützt, jedenfalls habe ich es versucht. Bloß, dass dann der Kassenwart der Gruppe, der Judas Iskariot, ganz schön viel davon unterschlagen hat. Das war nicht in Ordnung …

Erst später habe ich verstanden, dass es nicht nur um Begeisterung für ihn als Mensch, sondern auch für seine Botschaft geht.

MARIA: Na ja, jede von uns ist auf ihre einzigartige Weise Jüngerin Jesu geworden: du erst mal, weil du ihn mit deinem Geld unterstützen konntest; Ruth, du bist ihm über deine Söhne begegnet; und ich über meine Schwester, seine Mutter.

Und dann haben wir etwas kapiert: dass es im Leben um mehr geht als um mein Heil und das meiner Kinder, und dass wir uns nicht auf unsere Rolle als Frauen festlegen lassen müssen. Und deswegen konnte ich von der „Mutter" zur „Jüngerin" werden.

Und ich möchte zusammen mit euch, mit allen Evas, Ruths, Marias und allen anderen, weitersagen, was der Paulus einmal den ersten Christinnen und Christen geschrieben hat:

EVA + MARIA + RUTH (*GEMEINSAM*): Ihr seid zur Freiheit befreit!

Paulus in Korinth (nach Apg 18, 1–17)

Worum es geht: Rede des Paulus, dass eine Gottesbegegnung möglich sei
Vorbereitung: laute Diskussion und Gesprächslärm
Personen: 4 (Paulus, 3 Zwischenrufer/innen)
Sprechdauer: ca. 7 Minuten

PAULUS (*BEGINNT IN DEN GESPRÄCHSLÄRM HINEIN LAUT SCHREIEND*): Ladys and Gentlemen, meine Damen und Herren, liebe Freundinnen und Freunde!
(*WENN ES RUHIG GEWORDEN IST:*) Ich möchte mich vorstellen: Paulus ist mein Name, ich stamme aus Tarsus, bin römischer Reichsbürger und war immer ein frommer Jude. Viele sagen, ich hätte mich von einem Saulus zum Paulus gewandelt. Das ist natürlich Quatsch. Meine Eltern nannten mich bei der Beschneidung Saul. Das ist ein schöner hebräischer Name; sie nannten mich nach dem ersten jüdischen König Saul, weil sie hofften, dass aus mir einmal etwas Großes werden würde.
Das Namensdurcheinander haben die römischen Behörden angerichtet, die in meinem römischen Pass einen römischen Namen stehen haben wollten, so nannten sie mich kurzerhand Paulus, was so viel heißt wie „nicht der Rede wert". Habe den Namen nie gemocht, mit dem alle Welt mich anspricht, aber ich habe mich damit abgefunden.
Also, die Leute mit diesem Saulus-Paulus-Syndrom, die deuten damit die Wende in meinem Leben an. Sie benutzen zwar nicht das Wort „Wendehals", aber die Sache meinen sie damit. Das Wort war noch nie schön. Ich werde also seit meiner Wende, als Christus mir erschienen ist, Paulus genannt.
ZWISCHENRUFER/IN 1: Verrückt geworden bist du!
PAULUS: Wie bitte?
ZWISCHENRUFER/IN 1: Von wegen Erscheinung! Du bist vom

Pferd auf den Kopf gefallen, hast Sterne gesehen und Stimmen gehört (*WENDET SICH DEM PUBLIKUM ZU*). Sogar blind war er nachher von der Gehirnerschütterung. Die Leute, die dabei waren, haben nichts und niemand gesehen. Der spinnt.

PAULUS: Es war ja auch *meine* Erscheinung, was sollen die anderen Dummköpfe da schon sehen! Sonst wäre es ja ihre Erscheinung gewesen. Klar bin ich umgefallen. Hast du noch nie erlebt, dass jemand für jemand anders umwerfend sein kann?

ZWISCHENRUFER/IN 2: Ich? Nie!

PAULUS: Na, vielleicht triffst du sie/ihn ja noch. Aber wenn ihr mir nicht glauben wollt, er gibt ja noch andere: Der Petrus, ein grundsolider Kleinunternehmer, der ist nicht auf den Kopf gefallen. Der hatte zwei Begegnungen; beim ersten Mal hat er zunächst geglaubt, es sei ein Gespenst, beim zweiten Mal war es ein völlig fremder Mann, der der Anlass war …

ZWISCHENRUFER/IN 2: Der musste doch erst von Johannes darauf hingewiesen werden, von selbst hat der nichts gemerkt. Das war Beeinflussung; das gilt nicht!

PAULUS: Also gut! Was ist mit den zwei Kollegen, die nach Emmaus gingen, zusammen mit dem Wanderer, den sie nicht kannten? Aber zum Schluss, da hatten sie dann die Erkenntnis und Erscheinung.

ZWISCHENRUFER/IN 3: Das war in der Kneipe nach dem Essen; wer weiß, wie viel Wein die schon intus hatten!

PAULUS: Die Maria, diejenige aus Magdala, die trinkt nicht und ist vernünftig. Morgens in aller Frühe beim Grab hat der Herr sie beim Namen gerufen in der Gestalt des Gärtners.

ZWISCHENRUFER/IN 1: Die war doch verliebt. Liebe macht blind!

PAULUS: Liebe macht aber auch scharfsichtig! Und dann waren da noch die Erscheinungen bei den Zwölfen und die bei den 500 Kollegen und Kolleginnen zugleich und all die anderen zusammen, das könnt ihr nicht widerlegen – dämliche Zwischenargumente!

Ob nun ich das verkünde oder andere: Christus ist gestorben und vom Tod auferstanden. Das bezeugen diejenigen, die ihn danach erfahren haben. Und ob der Anlass zu dieser Erfahrung nun von einem Gärtner oder einem Wanderer oder einem Fremdling oder einem Blitz geliefert wird, ist doch gleich. Wir sind mit seinem Geist getauft. Ihr seid ein Geist und ein Leib mit ihm. Wie solltet ihr nicht Erfahrungen der göttlichen Gegenwart machen?

ZWISCHENRUFER/IN 2: Ja, aber wie denn?

PAULUS: Also noch einmal andersherum: Ihr habt den Geist Gottes in euch. Auch du und du und ... also alle. Und dieser Geist betet mit uns und in uns mit Worten, die wir nicht formulieren und verstehen können. Aber manchmal, in besonders hellen Momenten, manchmal verstehst du plötzlich etwas oder hast eine Ahnung von Verstehen. Da fühlst du dich dann angesprochen oder gerufen und weißt nicht, wie und von wem, wie der Samuel damals. Oder es baut dich auf wie den Elija; oder es trifft einen der Blitz wie bei mir.

ZWISCHENRUFER/IN 3: Und bei mir?

PAULUS: Tja, bei dir ... Wie erfährst du Gott, seinen Geist, seine Gegenwart? Ich antworte dir mit Fragen: Gibst du ihm eine Chance? Wie gehst du mit dir und mit anderen um? Hörst du auf sie, oder redest du immer nur auf sie ein? Hast du Ehrfurcht vor dir als einer Person der Gegenwart Gottes? Bist du dir kostbar, bin ich es? Wie siehst du die Natur, wie die Menschen? Hat bei dir ein Wanderer, ein Fremder, das Säuseln des Windes oder der Anruf des Gärtners eine Möglichkeit, Gehör zu finden? Oder brauchst du eine geballte Ladung Feuer und Blitz wie ich? Die sind selten, sage ich dir!

Noch mal zusammengefasst: Kann Gott dir in dir begegnen, weil du in dich gehst? Kann Gott dir in anderen Menschen begegnen, weil du auf sie hörst? Wenn nicht, ändere deine Haltung! Wenn ja, hör beim nächsten Mal gut zu. In Athen, liebe Leute, haben sie mich einmal abgewimmelt mit den höflichen Worten: „Darüber wollen wir dich ein anderes Mal hören!“ Ich möchte den Satz hier etwas abgewandelt zitieren, ohne euch abwimmeln zu wollen: „Darüber hört ihr mich ein anderes Mal“, genauer gesagt: Wenn es das nächste Mal auf der Tagesordnung steht. Und bis dahin denkt immer daran, was Jesus gesagt hat: „Seid gewiss: Ich bin bei euch alle Tage.“

TEIL II: MENSCHEN-THEMEN

Philipp Neri

Worum es geht: Heilige als Narren
Personen: 2 (Sprecher/in, Neri)
Sprechdauer: ca. 5 Minuten

SPRECHER/IN: Beim heutigen geistlichen Impuls begeben wir uns in den Himmel und führen eine himmlische Talk-Show – pardon: ein erbauliches Gespräch mit einem Herren, der im 16. Jahrhundert auf der Erde anzutreffen war. Er hat in Italien gelebt und in der Kirche ein paar bemerkenswerte Beiträge geliefert. Ich darf vorstellen: Philipp Neri, und freue mich, ihn hier begrüßen zu können.
Philipp, magst du uns ein wenig erzählen, was und wie und wo du in der Kirche gearbeitet hast? Du hast 14 Päpste überlebt, über alle deine Witze gerissen und keinem gehorcht. Trotzdem bist du schließlich (wie Teresa) heilig gesprochen worden – sozusagen als der „Narr Gottes", das enfant terrible unter den Heiligen. Es heißt, du seiest sogar mal mit Papst Clemens VIII. ins Bett gegangen.

PHILIPP NERI: Na ja, das stimmt so nicht.

SPRECHER/IN: Wie war es denn?

PHILIPP NERI: Unter den Römern hatten sich damals – das ist ja heute noch genauso – seltsame Vorstellungen gebildet. Zum Beispiel, es sei gut gegen Rheumatismus, sich von mir berühren und segnen zu lassen. Also, im Jahr 1595 war Papst Clemens – damals schon 80 Jahre alt – schwer an Gicht erkrankt. Ich wurde von den Kardinälen in den Vatikan gerufen. Stundenlang hab ich an seinem Bett gesessen und mit ihm gebetet. Als das nichts nützte, bin ich kurzerhand zum Papst ins Bett gestiegen und hab mich dem Heiligen Vater auf die Brust gesetzt. Die Kardinäle waren aufs äußerste befremdet, aber der Papst war von Stund an wunderbar geheilt.

SPRECHER/IN: Man erzählt sich ja noch mehr Geschichten wie diese über dich.

PHILIPP NERI: Na ja, mit 17 bin ich zu Hause in Florenz abgehauen, dann südwärts getrampt, habe mich dabei total mit meinem Vater verkracht, einem heruntergekommenen Notar übrigens. In Rom war ich erst mal Stadtstreicher, habe meist unter den Brücken am Tiber geschlafen oder im Kolosseum und im Winter in irgendeiner Kirche. Das war ein schönes Leben!

SRECHER/IN: Aber deswegen bist du doch nicht heilig geworden! Von den vielen tausend Stadtstreichern und Gassenlümmeln unterscheidet dich eines: Du bist fromm. Du warst im 16. Jahrhundert der Stadtheilige von Rom. Einmal, so heißt es, hast du vor dem Altar in der Kirche ein ganzes Stück weit über dem Boden geschwebt. Der Mesner, der gerade beim Kirchenputzen war, hat mit dem Besen unter dir her gekehrt und dem staunenden Besucher gesagt: Philippo ist in Verzückung. Angeblich hattest du auch die Gabe, an drei Orten auf einmal zu sein. Die Leute wollen dich zugleich in Rom, Florenz und Neapel gesehen haben.

PHILIPP NERI: Es stimmt beides, aber es war mir immer ein bisschen peinlich. Wichtiger war mir nun wirklich etwas anderes. Gott hat uns Menschen für diese Welt geschaffen, das ist meine Überzeugung. Als ich mit 36 zum Priester geweiht wurde, hat mir der Vatikan zur Auflage gemacht, dass ich einen festen Wohnsitz haben muss. Da bin ich mit ein paar Leuten in eine WG im römischen Rotlichtviertel gezogen und habe versucht, daraus ein geistliches Zentrum zu machen.

SPRECHER/IN: Oratorium nannte man das wohl.

PHILIPP NERI: Richtig, so haben wir's genannt, Oratorium. Wir trafen uns auf meinem Dachboden, wo ich wohnte, lasen die Bibel, sprachen darüber, haben natürlich zusammen gesungen und gebetet und versucht zu verstehen, was das mit unserem Leben zu tun hat. Und am Ende haben wir immer zusammen gekocht und gegessen.

SPRECHER/IN: War das eigentlich 'ne Männer-WG?

PHILIPP NERI: Ja, die Zeiten waren damals so. Es war so was wie in Indien ein Ashram. Mönchsgelübde gab es nicht, und die Organisation war fast null.

SPRECHER/IN: Erzähl zum Schluss noch etwas Persönliches von dir.

PHILIPP NERI: Es gab Zeiten, da bin ich in Rom wie ein Süchtiger von einer Wallfahrtskirche zur anderen gepilgert. Ich hab in den Kirchen getanzt und gesungen, bin tagelang in den Katakomben verschwunden. Dass die anderen darüber lachten, machte mir nichts aus. Meist waren die Lacher bald wieder auf meiner Seite. Ich habe mir immer gesagt: Ein frommes Herz und ein freches Maul, das passt gut zusammen.

SPRECHER/IN: Philippo, ich danke dir für das Gespräch.

Teresa von Avila

Worum es geht: Eine himmlische Talk-Show mit Teresa von Avila zur Frage: Was ist Spiritualität?
Personen: 2 (Sprecher/in, Teresa)
Sprechdauer: ca. 7 Minuten

SPRECHER/IN: Unser heutiger geistlicher Impuls führt uns in den Himmel, zu einer weiteren Folge unserer Talk-Show „Mit Heiligen im Gespräch". Gast im Studio ist heute Teresa de Ahumada, besser bekannt als Teresa von Avila.

Guten Tag, Teresa! Du bist in unserem Jahrhundert mit Katharina von Siena zur Kirchenlehrerin ernannt worden. Du gehörst zu den großen Mystikerinnen der Kirchengeschichte. Berühmt geworden ist deine Gebetslehre. Dein Lebenswerk war die Reform des Karmeliterordens. Wenn ich auf ein so volles Leben zurückblicke, frage ich mich, wie ist es dir zu deiner Zeit ergangen, warst du damals schon so berühmt?

TERESA: Berühmt vielleicht für einige. Bekannt sicher. Und für viele berühmt-berüchtigt. Zu meiner Zeit haben mich viele für verrückt gehalten. Sie haben meine Visionen angezweifelt, gedacht, ich wäre eine hysterische, irregeleitete Frau, und mit dem richtigen Beichtvater würde es schon werden. Frauen wurde damals eine eigenständige Spiritualität ebenso wenig zugetraut wie mystische Erfahrungen. Ein Teil meiner Schriften ist bei der Inquisition gelandet.
Und wenn ich an die Aufregungen denke, die meine erste Klostergründung ausgelöst hat, dann ist „verrückt" sicher noch das Positivste, was die Leute der Stadt über mich gedacht und gesagt haben.

SPRECHER/IN: Damit sind wir sozusagen mitten in deinem Leben. Bevor wir auf deine Visionen und dein Verständnis von Spiritualität eingehen und dann über dein Lebenswerk, die Reform des Karmeliterordens, reden, vielleicht noch ein paar Sätze zu deinem Werdegang. Als Karmelitin wird man ja wohl nicht geboren.

TERESA: Nein, natürlich nicht. Ich bin eine Tochter aus gutem, zumindest reichem Hause. Meine Mutter entstammt dem altspanischen Adel. Mein Vater einer jüdischen Konvertitenfamilie. Jüdische Wurzeln zu haben war zu meiner Zeit mit einem negativen Image verbunden. Ich weiß nicht, ob ihr euch das heute noch vorstellen könnt, eine Funktion des katholischen Glaubens war es, den neu entstandenen spanischen Staat zusammenzuhalten. Angehörige fremder Religionen waren von daher von vornherein verdächtig.

SPRECHER/IN: Du schweifst ein wenig ab, Teresa.

TERESA: Also zurück zu meinem Werdegang! Meine Herkunft aus gutem Haus ermöglichte mir den Zugang zur Bildung, zumindest zu dem, was Frauen damals zugestanden wurde. Ich lernte lesen und schreiben.

Als Kind liebte ich Abenteuer- und Liebesgeschichten. Die fand ich in den Ritterromanen, die meine Mutter gelesen hat. Angeregt durch diese Literatur und besessen von der Angst vor der Hölle überredete ich meinen Bruder, mit mir zu einem Kreuzzug in das Heilige Land aufzubrechen, um dort den Märtyrerinnen-Tod zu sterben und so meiner Seele einen Platz im Himmel zu verschaffen!

Leider wurde unser Plan und unsere Reise sehr bald von einem Onkel entdeckt. Wir wurden nach Hause zurückgebracht, und aus war es mit dem ewigen Seelenheil fürs Erste!

SPRECHER/IN: Das Thema „ewiges Seelenheil" hat sich wohl wie ein roter Faden durch dein Leben gezogen. War der Wunsch danach nicht ausschlaggebend für deinen Eintritt ins Kloster?

TERESA: Doch, es war für mich ein Grund, ins Kloster zu gehen. Ein anderer lag darin, dass ich mich nicht entscheiden konnte zu heiraten. Ich fand, dass mein Eintritt ins Kloster für mich das kleinere Übel darstellte. Denn im Kloster war ich nicht der Besitz eines Mannes und auch nicht seiner Willkür und seinen Launen unterworfen. Hier konnte ich am ehesten mein eigenständiges Leben weiterführen.

Und so war es dann auch. Das Karmelitinnenkloster in Avila war so etwas wie eine WG adeliger Frauen, die hier ein reges gesellschaftliches Leben pflegten, Gespräche mit Freundinnen …

Ich war schön, ich hatte Charme, ich konnte gut erzählen, kurzum, ich war beliebt. Alles in allem kein schlechtes Leben …

SPRECHER/IN: Teresa, du erzählst das mit einem Schuss

Selbstironie, so als wäre das erst der Vorlauf zu deinem eigentlichen Leben gewesen.

TERESA: So habe ich es auch erlebt. Ich hatte im Grunde alles, ich war versorgt, hatte Möglichkeiten, mich sinnvoll zu beschäftigen, und Möglichkeiten, mit meinen Mitschwestern oder Freundinnen aus der Stadt Spaß zu haben. Und doch habe ich in stillen Stunden gespürt, dass in meinem Leben etwas fehlt. Ich habe mich leben lassen, getan, was man bzw. was frau halt so tut. Die Zweifel, die zu dieser Zeit an mir nagten, waren die ersten Anzeichen einer Herausforderung meines Lebens, mich auf die Suche nach dem zu machen, was eigentlich mein Leben ausmacht.

SPRECHER/IN: Das finde ich spannend, was ist damals passiert? Und hast du eine Antwort gefunden?

TERESA: Tja, was ist damals passiert? Die Zweifel haben so an mir genagt, dass ich krank geworden bin. Während meiner Krankheit bin ich auf die Gebetslehre eines alten Franziskanerpaters gestoßen. Und das war der Anfang eines neuen Lebens, eines langen Veränderungsprozesses.

SPRECHER/IN: Das musst du mir erklären, wie eine Gebetslehre Leben verändern kann.

TERESA: Es war eine Anleitung zu dem, was ich später „Inneres Gebet" genannt habe. Um es auf eine kurze Formel zu bringen: ein Weg der Auseinandersetzung mit sich selber, mit seinen Licht- und vor allem auch Schattenseiten, ein Weg, der bis in die Mitte der eigenen Existenz führt, bis zur eigenen Seele. An diesem Punkt angelangt wird die Selbsterkenntnis zur Gottesbegegnung. Gott wohnt im Menschen. Gott ist die Quelle seines Lebens, und wenn der Mensch sich öffnet, kann er sein Leben erfüllen.

SPRECHER/IN: Da muss ich jetzt aber erst einmal Luft holen!

TERESA: Ja, das kann ich gut verstehen. Denn das, was ich da gerade erzählt habe, war ja auch der Schnelldurchlauf sozusagen. Bei mir hat dieser Prozess Jahre gedauert, Jahre zurückgezogenen Lebens in der Auseinandersetzung mit mir und meinem Gott. Dieser Weg nach innen war beileibe kein Spaziergang, sondern hat meinen ganzen Mut und meine ganze Kraft gefordert.

SPRECHER/IN: Und?

TERESA: Die Erfahrungen dieser Jahre haben mein Leben völlig verändert, es sozusagen auf den Kopf gestellt. Irgendwann war ich an dem Punkt, dass ich das, was mich bewegt und beseelt hat, auch weitergeben musste. Ich wollte einen Raum schaffen, in dem auch andere Frauen ihren Glauben, ihre Glaubensgeschichte, ihre eigene Spiritualität entdecken konnten. Das ging in dem Kloster, in dem ich lebte, nicht. Deswegen habe ich darum gekämpft, ein eigenes Kloster zu gründen, in dem die Rahmenbedingungen stimmten. Leben in Armut, Zurückgezogenheit, und eine überschaubare Gruppe von Frauen schwebten mir als Grundbausteine meines neuen Klosters vor. Gegen den Widerstand meiner Mitschwestern und der Bewohner von Avila ging ich ans Werk.

SPRECHER/IN: Das stelle ich mir ganz schön anstrengend vor, so ein Projekt durchzusetzen.

TERESA: Das kannst du wohl laut sagen! Und wenn ich nicht die innere Gewissheit gehabt hätte, auf dem richtigen Weg zu sein, hätte ich vermutlich bald aufgegeben. Dass dies der erste Schritt auf dem langen Weg der Ordensreform des Karmeliterordens war, wusste ich damals noch nicht. Gott sei Dank! Bei dem Kampf, den schon die erste Klostergründung mit sich brachte, hätte ich sonst vielleicht gleich die Sachen hingeschmissen.

SPRECHER/IN: Klostergründungen und Ordensreform sind nur ein Teil deines Lebenswerkes, der andere Teil ist deine Gebetslehre. Hast du nicht Lust, uns darüber noch etwas zu erzählen?

TERESA: Gern. Denn meine Gebetslehre ist im Grunde nichts anderes als die reflektierte Zusammenfassung der Erfahrungen, die ich auf meinem eigenen Gebetsweg gesammelt habe.

Um meine Mitschwestern mit ihrer religiösen Erfahrung nicht allein zu lassen, habe ich – meistens nachts, weil ich sonst keine Zeit hatte – Bücher geschrieben. Angefangen habe ich damit, meine eigene Glaubens- und Lebensgeschichte aufzuschreiben. Dann bin ich etwas systematischer vorgegangen und habe mit dem „Weg der Vollkommenheit" und der „Inneren Burg" zwei Anleitungen zum Inneren Gebet geschrieben.

Mit meinen Erfahrungen und meiner Gebetslehre konnte ich zeigen, dass Frauen zu einer eigenständigen Spiritualität und damit zu Gottesbegegnung und Gotteserfahrung fähig sind. Was heute selbstverständlich erscheint, war damals eine Revolution und löste auch die entsprechenden Wellenbewegungen aus. Aber davon habe ich ja am Anfang schon erzählt.

SPRECHER/IN: Ich hätte noch viele Fragen, aber leider ist unsere Sendezeit zu Ende. Liebe Teresa, herzlichen Dank für dieses Gespräch.

Maria Ward

Worum es geht: Maria Ward besucht eine Schule und berichtet aus der Zeit der „Gegenreformation" in England

Personen: 4 (Sprecher/in, 2 Schülerinnen, Maria Ward)

Sprechdauer: ca. 10 Minuten

SPRECHER/IN: Ein katholisches Gymnasium hat sich als Namenspatronin Maria Ward gewählt. Bei der Namensgebungsfeier treffen zwei Schülerinnen auf eine ihnen unbekannte Frau und sprechen sie an.

SCHÜLERIN 1: Hey, hallo, Sie da! Sie kenne ich gar nicht. Gehören Sie auch zu unserer Schule?

MARIA WARD: Seit heute ja. Ihr habt mich zur Namenspatronin eurer Schule gewählt. Deshalb statte ich euch einen Besuch ab. Ich wollte mir die Schule einfach mal ansehen.

SCHÜLERIN 2: Sie sind Maria Ward?

MARIA WARD: Ja, ich bin Maria Ward. Und ich frage mich, warum ihr gerade mich als Namenspatronin gewählt habt.

SCHÜLERIN 1: Um ehrlich zu sein, ich weiß es nicht so genau. Eine Schule braucht einen Namen, und warum nicht Maria Ward?

SCHÜLERIN 2: Ich weiß zwar nicht viel von Ihrem Leben. Aber ich habe gehört, dass Sie sich Ihr Leben lang für die Bildung und Erziehung junger Menschen eingesetzt und aus diesem Grund in vielen europäischen Städten Schulen gegründet haben.

SCHÜLERIN 1: Ich kann mir gar nicht vorstellen, dass es eine Zeit gegeben hat, in der Schule nicht ein selbstverständlicher Bestandteil des Lebens jedes Jugendlichen war.

MARIA WARD: Die Entwicklung von Schulen, wie wir sie heute kennen, beginnt erst in der Neuzeit. Davor war Bildung ein kostbares Gut, eine Sache für Leute mit Geld, den Adel also. Und natürlich die großen Klöster, die waren auch immer ein Ort, an dem das Wissen hochgehalten wurde und Bildung ein Teil des Klosterlebens war. Mit der Zeit der Reformation wurde deutlich, dass dieses Bildungssystem überholt war. Gegen die Reformatoren konnten die Katholiken nur ankommen, wenn sie ein breites Bildungsprogramm in den Bereichen Erwachsenenbildung und Jugendbildung auf die Beine gestellt bekamen. Und was lag für die Jugendlichen näher als der Aufbau und Ausbau von Schulen? Vor allem für die Mädchen mussten Schulen geschaffen werden.

SCHÜLERIN 2: Wollen Sie damit sagen, dass wir die Entstehung unseres Schulsystems der Reformation verdanken?

MARIA WARD: Nein, so einfach würde ich es nicht ableiten wollen. Die Reformation war eine Entwicklung, eine Krise im Umbruch von einer Epoche zur anderen. Und neue Zeiten haben neue Aufgaben. Das ist in der Reformation deutlich geworden.

SCHÜLERIN 1: Schule als Ort, um die verloren gegangenen Seelen wieder zurückzuholen! Das finde ich ganz schön bedenklich!

MARIA WARD: Aus deiner Sicht heute mag das vielleicht so aussehen. Für mich sah das anders aus. Der Gedanke der Religionsfreiheit war noch nicht erfunden, und der Einzelne, die Einzelne war stärker, tiefer oder vielleicht auch nur anders in die jeweilige Konfession eingebunden.

SCHÜLERIN 2: Und was hat für dich konkret „Katholisch-Sein" bedeutet?

MARIA WARD: Konkret hieß das für mich: In meiner Kindheit und Jugend habe ich in England die blutige Verfolgung der Katholiken unter Heinrich VIII. und Elisabeth erlebt. Trotz materiellen Wohlstands haben wir immer in Unsicherheit und Angst gelebt. Das war die eine Seite. Auf der anderen Seite war trotz der Unterdrückung – oder vielleicht gerade wegen der Verfolgung – unser Glaube in einer Art Untergrundkirche sehr lebendig.
Diese Erfahrungen haben meinen Glauben und mein Leben tief geprägt. Die Verfolgungssituation und die damit verbundene Unsicherheit haben uns Gott als einzigen sicheren Ort, als Fels in der Brandung erleben lassen. Vielleicht liegen hier schon die Wurzeln für mein Durchhaltevermögen, meine Widerstandskraft und meinen Kampfgeist.

SCHÜLERIN 1: Das scheinen schlimme Zeiten gewesen zu sein. Aber trotzdem: Schule und Seelenfang? Das geht doch nicht.

MARIA WARD: Stimmt. Ich habe versucht, unsere Situation zu erklären. Wir haben das damals auch nicht als Seelenfang verstanden, sondern wollten mit der Möglichkeit zur Bildung

Leute befähigen, ihre eigenen Entscheidungen zu treffen, eigenständiger und selbstbestimmter leben zu können. Und mir war es wichtig, diese Bildungsmöglichkeiten einer breiten Bevölkerungsschicht zu eröffnen. Deshalb gab es an meinen Schulen auch kein Schulgeld. Die Schulen waren für alle Mädchen offen.

SCHÜLERIN 2: Bildung für alle, Chancengleichheit, Schule als Ort von Bildung und Erziehung, nicht nur als Ort von Wissensvermittlung: Das alles sind Themen, die uns heute auch wieder beschäftigen.

SCHÜLERIN 1: Du hast eben davon erzählt, dass ihr in England verfolgt worden seid. Warst du auf der Flucht, und hast du deshalb Schulen in ganz Europa gegründet?

MARIA WARD: Ja und nein. Mein Lebensweg ist etwas verschlungen. Als junge Frau musste ich aus England fliehen, weil die Situation sich sehr zugespitzt hatte. Ich war auf der einen Seite sehr traurig, weil ich meine Heimat und meine Familie verlassen musste, aber auf der anderen Seite auch froh, weil mein Vater mir endlich erlaubte, ins Kloster zu gehen.

SCHÜLERIN 1: Du warst im Kloster?

MARIA WARD: Ja, zumindest eine Weile. Dann habe ich eine eigene Gemeinschaft von englischen Klarissinnen in Flandern gegründet. Dabei wurde mir klar, dass das Leben in der Klausur, abgeschieden von der Welt, nicht die angemessene Antwort auf die Fragen und Herausforderungen unserer Zeit war.

SCHÜLERIN 2: Und wie hast du die Herausforderungen deiner Zeit verstanden? Was war für dich die Antwort auf die brennenden Fragen?

MARIA WARD: Das wusste ich zu dem Zeitpunkt auch nicht so genau. Und deshalb kehrte ich nach England zurück und lebte eine Weile das ganz normale Leben einer Landadeligen in London: Einladungen zum Tee, zum Dinner, zur Jagd, zu Bällen …

SCHÜLERIN 1: Das ist ein Tausch, das langweilige Leben in einer Klosterzelle gegen rauschende Partys und dufte Verabredungen!

MARIA WARD: Hm, für den Augenblick gesehen hast du Recht. Ich fand diese gesellschaftlichen Verpflichtungen für sich betrachtet allerdings ganz schnell langweilig. Immerhin boten sie mir Gelegenheit, Kontakte zur Untergrundkirche zu knüpfen und dort mitzuarbeiten. Ich merkte, dass ich so mitten im gesellschaftlichen Leben viel mehr für die Weitergabe des Glaubens, die mir so sehr am Herzen lag, tun konnte, als in meiner Zeit im Kloster.

SCHÜLERIN 2: Das kann ich mir gut vorstellen. Denn im Kloster warst du ja ziemlich weit weg vom Schuss und auch weit weg vom eigentlichen Leben.

SCHÜLERIN 1: Jetzt bin ich aber neugierig, wie es weiterging.

MARIA WARD: Irgendwann fiel es mir wie Schuppen von den Augen, und das Ziel meines weiteren Weges lag sonnenklar vor mir. Es war wie eine Vision. Ich weiß nicht, ob ihr versteht, was ich meine. Plötzlich hatte ich keine Fragen mehr, meine Zweifel waren vorüber und mir war klar, wie ich meinen Glauben leben und Evangelium in unserer Welt lebendig werden lassen wollte.

Meine Idee war, eine Gemeinschaft für Frauen zu gründen, in der die Regel keine Klausur vorsieht, kein gemeinsames Breviergebet, keine einheitliche Kleidung. Eine solche Regel würde die Grundlage schaffen, sich so frei wie möglich und nötig bewegen zu können, um sich so den anstehenden gesellschaftlichen Aufgaben zu widmen.

SCHÜLERIN 2: Und hast du eine solche Ordensgemeinschaft gegründet?

MARIA WARD: Ich habe es zumindest versucht. Aber das ist eine ganz lange Geschichte. Ich erzähle euch nur die wesentlichen Fakten in Kürze. Frauen, die Lust hatten, mit mir dieses Experiment zu wagen, hatte ich schnell gefunden.

Und nachdem wir angefangen hatten zu arbeiten, hatten wir auch regen Zulauf. Es war auch kein Problem, die Genehmigung zu bekommen, Schulen zu gründen. Ich konnte mich vor Anfragen kaum retten und wusste oft gar nicht, wo ich so schnell qualifiziertes Personal herkriegen sollte. Schwierig wurde es an dem Punkt, wo ich versuchte, die Ordensregel, die die Grundlage unseres Arbeitens darstellte, kirchenamtlich anerkennen zu lassen.

SCHÜLERIN 1: Verstehe ich nicht. Mit eurer Praxis habt ihr doch bewiesen, dass es funktioniert.

MARIA WARD: Neben jeder Menge kirchenpolitischer Machtspielchen war es wohl der Gedanke, dass Frauen ohne Klausur und ohne männliche Aufsicht zusammenleben und -arbeiten, der die geistlichen Herren zu den kühnsten Phantasien anregte und in ihnen die Vorstellung auslöste, dass eine solche Idee nur teuflischen Ursprungs sein konnte. Kurz und gut: Die Ordensregel wurde zu meinen Lebzeiten nicht kirchenrechtlich anerkannt. Zeitweise waren meine Gemeinschaften verboten, die Schulen, die sie führten, wurden aufgelöst. Ich selbst verbrachte eine Weile in Gefangenschaft.

SCHÜLERIN 2: Eine traurige Geschichte.

SCHÜLERIN 1: Das stimmt schon, aber ich finde es toll, dass du dich von denen nicht hast einschüchtern lassen und deinen Ideen treu geblieben bist.

MARIA WARD: Und aus der Retrospektive betrachtet wurden in der weiteren Geschichte meine Ideen aufgegriffen, sowohl was Frauengemeinschaften ohne Klausur angeht wie auch meine Ideen von Bildung für alle.

SCHÜLERIN 2: Leider ist die Pause jetzt um, und unsere Feier geht weiter.
Danke für das Gespräch und auf Wiedersehen.

SCHÜLERIN 1: (*IM WEGGEHEN*) Eine spannende Geschichte, ein Name als Programm, Programm auch jetzt für unsere Schule.

Charles de Foucauld

Worum es geht: Machtverzicht um eines Wertes willen
Personen: 5 (Sprecher/in, Inès, Marie, Charles, Abt)
Sprechdauer: ca. 6 Minuten

SPRECHER/IN: In diesem geistlichen Impuls wollen wir euch in drei kurzen Szenen mit einem Menschen bekannt machen, der als junger Mann auf der Seite der Mächtigen und Besitzenden stand und auf dem Sprungbrett zu einer glänzenden Karriere, weil er reich, angesehen und schön war, dann aber auf alles das verzichtete und sich dabei ganz erstaunlich verändert hat.
Erste Szene: In einem der elegantesten Salons der „Belle Epoque" – der „schönen Zeit" von Paris – versammelt sich im Januar 1882 ein edler und reicher Krisenstab. Es handelt sich um den Familienrat des Grafen von Foucauld. Den Vorsitz führt die Tante Inès. Einziger Punkt der Tagesordnung: der skandalöse Lebenswandel des Neffen Charles, 23 Jahre, der eben unehrenhaft aus der Armee entlassen worden ist.

TANTE INÈS: Monsieur Foucauld kennt weder Pflicht noch Gehorsam, hat einen leeren Kopf und denkt an nichts als ans Vergnügen! Wer ihn nicht gesehen hat, wie er lässig ausgestreckt auf seinem Kanapee liegt, Gänseleberpastete mit Trüffeln verzehrt und dazu Champagner schlürft, der hat keine Ahnung, was das ist: ein Lebemann! Und dazu seine Frauengeschichten: In fünf Jahren hat er in den Lasterhöhlen von Paris ein Vermögen verjubelt!

NICHTE MARIE: Aber Tantchen, er hatte doch so eine schwere Kindheit! Als er fünf war, ließen sich die Eltern scheiden; als er sechs Jahre war, starb der Vater und dann die Mutter; als er 15 war, hat er bei den Jesuiten auf dem Gymnasium erst den Glauben verloren und wurde dann von der Schule gejagt – und jetzt auch noch aus der Armee.

TANTE INÈS: Gut und schön, Marie, ich werde ihn entmündigen lassen, und dann suchen wir eine Frau für ihn, die ihn an die Kandare nimmt!

SRECHER/IN: Aber Neffe Charles reagiert darauf mit Verachtung und nimmt Entmündigung und Heiratsvermittlung gar nicht erst zur Kenntnis. Wie von einer inneren Unruhe getrieben, schifft er sich ein nach Nordafrika. Dort ist das Innere Marokkos auf europäischen Landkarten immer noch ein weißer Fleck, das Betreten für Christen bei Todesstrafe verboten. Als jüdischer Rabbi verkleidet kartographiert er das Atlas-Gebirge und wird damit mit einem Schlag berühmt. Überspringen wir die nächsten 15 Jahre. Die Berühmtheit allein stellte Charles nicht zufrieden. Nach den Abenteuern von Sex, Macht und Geld entdeckt er das Abenteuer der Religion. Wir treffen ihn in einer zweiten Szene: Charles ist seit sieben Jahren Mönch des Trappistenordens in Syrien.

CHARLES DE FOUCAULD: Vater Abt, das Leben in unserer Abtei ist mir zu wenig streng, ich passe nicht hierher!

ABT: Zu wenig streng? Was wollt Ihr denn, Bruder Charles? Wir stehen doch um 2 Uhr in der Nacht auf, dann ist abwechselnd Chorgesang und Feldarbeit bis abends um 7. Eine einzige volle Mahlzeit am Tag: Suppe, Brot und Gemüse, kein Fleisch, kein Fisch, kein Ei, strenges Redeverbot und freitags Geißelung zum Bußpsalm „Miserere". Das ist Euch nicht streng genug?

CHARLES: Gewiss, Vater Abt, wir sind arm bei den Trappisten, aber nicht so arm, wie ich es als Jude in Marokko war – und was für ein Unterschied zwischen unseren klösterlichen Wohnungen und den armseligen Behausungen der Landarbeiter hier! Wie soll ich erster Klasse leben, wo doch der Gott, den ich liebe, in der letzten Klasse saß?

ABT: Bruder Charles, sieben Jahre seid Ihr jetzt bei uns. Als Schüler und als Offizier seid Ihr gescheitert. Jetzt auch noch ein gescheiterter Mönch?

CHARLES DE FOUCAULD: Kann es nicht sein, dass der Gott, den ich liebe und der mir alles bedeutet, mich noch einmal zu etwas anderem einlädt?

SPRECHER/IN: Charles de Foucauld bricht noch einmal auf zu seinem größten Abenteuer, verlässt Kloster und Abt und baut sich im Inneren Nordafrikas bei den Tuareg aus Lehm und Schilf eine Hütte. Seine besten Freunde sind ein leidenschaftlicher Moslem und ein überzeugter Atheist. Er schreibt ein Lexikon der Tuareg-Sprache und verfasst eine Sammlung von Tuareg-Gedichten. Das sind alles Gedichte, die entweder die Schönheit der Frauen preisen oder die Schönheit der Kamele. Als „Marabut", als weiser Mann, ist er ihr Vertrauter und Ratgeber.

In einer dritten Szene sehen wir ihn vor seiner Hütte sitzen:

CHARLES: In Frankreich habe ich gelernt: Wer teilhaben will am Schicksal meines Herrn und Meisters, der muss die Welt verlassen. Das habe ich getan; und jetzt sehe ich, dass für uns heute das Gegenteil stimmt: Wer teilhaben will am Schicksal unseres Herrn und Meisters, der muss mitten in die Welt hineingehen und mit den Menschen das erbärmliche Leben teilen, das die Mehrheit von ihnen zu leben gezwungen ist.

Das schwebt mir vor: dass es einmal „kleine Brüder und Schwestern Jesu" gibt, die so leben: als Lumpensammler in Santiago oder als Fischer in der Bretagne, als Müllarbeiter in Frankfurt oder als Bürobotin in New York, als Hafenarbeiter in Hamburg oder als Zigeunerin in der Lombardei – solidarisch mit den Randgruppen, ein Leben zu dritt oder zu viert in Mietwohnungen statt in Klöstern – das müsste ein Projekt sein, das sich lohnt!

SPRECHER/IN: Foucauld schickt sein Projekt an den Vatikan. Er bekommt nicht einmal eine Antwort. Er fährt zu den französischen Bischöfen, die machen sich über ihn lustig. So weit ist er seiner Zeit voraus, dass sich erst siebzehn Jahre nach seinem Tod die Ersten für sein Lebensideal zusammenfinden.

Johannes Bosco

Worum es geht: Anwalt sein für Kinder und Jugendliche
Personen: 3 (Sprecher/in, Bischof, Don Bosco)
Sprechdauer: ca. 5 Minuten

SPRECHER/IN: Im geistlichen Impuls heute *Vormittag/Nachmittag* möchte ich euch *wieder* auf eine Zeitreise mitnehmen. Wir gehen 150 Jahre zurück und nach Norditalien, nach Turin. Dort treffen wir einen jungen Priester im Gespräch mit dem Turiner Erzbischof.

BISCHOF: Padre Giovanni Bosco, ich muss Euch sagen, dass ich mich sehr über Euch wundere. Was ist mir da zu Ohren gekommen: Ihr habt zwei meiner Prälaten aus dem Bischöflichen Ordinariat in die Irrenanstalt einliefern lassen. Wie konnte es nur dazu kommen?

DON BOSCO: Ehrwürdiger Vater, ich bedauere den Vorfall nicht und will Euch sagen, wie es dazu gekommen ist. Wie Ihr wisst, bin ich gerade dabei, für die verwahrlosten Straßenjungen Turins ein richtiges Haus zu bauen. Der Schuppen, den wir auf der Wiese vor der Stadt gemietet haben, ist zu klein geworden, weil allsonntäglich inzwischen schon über 400 dieser armen Kinder zu uns kommen. Außerdem steht bei Regen das Wasser knöchelhoch, die Wände sind faul, und das Dach ist wurmstichig.

BISCHOF: Nun gut, Don Bosco, aber jetzt kommt in die Irrenanstalt – äh, Verzeihung, ich wollte sagen: kommt auf die Irrenanstalt zu sprechen!

DON BOSCO: Ehrwürdiger Vater, wie Ihr wisst, bin ich dabei,

für die Waisenkinder und obdachlosen Jungen der Stadt Turin ein Heim und Lehrwerkstätten zu errichten, damit sie ein Dach über dem Kopf haben und einen anständigen Beruf erlernen können. Wie kann ich denn Gott lieben, den ich nicht sehe, wenn ich diese Kinder nicht liebe, mit denen ich täglich zu tun habe?

BISCHOF: Das ist gewisslich lobenswert und fromm, Don Bosco.

DON BOSCO: Und eben das wollten die beiden Herren verhindern. Sie kamen mit der Kutsche beim Bauplatz vorgefahren, um mich abzuholen, Ihr wisst schon, wohin. Zufällig hat meine Mutter, die für die Jungen kocht, ihr Gespräch mitgehört: Ich sei nicht ganz richtig im Kopf, und man müsse die Allgemeinheit vor mir schützen, mich am besten für eine Weile in die Irrenanstalt einliefern. Und was der Bau hier soll: Das gab es noch nie in Turin, dass ein Priester … – und wo kämen wir hin und überhaupt!

BISCHOF: Kommt zur Sache, Don Bosco!

DON BOSCO: Nun ja, als die beiden mich baten, in der Kutsche Platz zu nehmen, da habe ich ihnen den Vortritt gelassen, die Tür zugeschlagen, dem Kutscher als Ziel die Irrenanstalt genannt und gesagt, er soll die beiden dort bei den Ärzten abliefern. Und das soll er sorgfältig ausführen und sich nicht von ihrem Geschrei und Gezeter abhalten lassen. Na ja, das hat er dann ja auch getan. Die beiden Prälaten sind inzwischen doch wieder zu Hause?
– Ich habe übrigens die Baukosten für das Haus noch nicht beisammen.

BISCHOF: Hm, ja, wo waren wir stehen geblieben … ach richtig! Ihr spracht von den obdachlosen Waisenkindern …

DON BOSCO: Euer Exzellenz, in aller geschuldeten Ehrfurcht: Wir leben im 19. Jahrhundert und in einer Umbruchzeit, wie es sie in Italien noch nie gab! Industrien entstehen, Eisenbahnen werden gebaut, die Menschen drängen auf der Suche nach Arbeit vom Land in die Städte. Die Leidtragenden sind die Kinder und Jugendlichen, die dabei unter die Räder kommen. Wir leben doch nicht mehr im 18. Jahrhundert! Damit die Jungen sich in der heutigen Zeit zurechtfinden, brauchen sie eine anständige Ausbildung!

Ich hatte da als kleiner Junge mal einen Traum.

BISCHOF: Aber ich bitte Euch (*BEKREUZIGT SICH*), das erzählt diesen neumodischen Psycho... – wie heißen die? Psycho-Analen?

DON BOSCO: Psycho-Analytiker, ehrwürdiger Vater. Also ich habe als Junge geträumt: Auf unserem Dorfplatz in meinem Heimatdorf hatte sich eine große Schar Kinder versammelt. Viele von ihnen liefen munter umher, lachten und spielten. Einige wenige aber fluchten. Als ich das hörte, stürzte ich auf sie los. Ich wollte sie mit Schlägen und Prügeln zum Schweigen bringen. In dem Augenblick erschien ein hoheitsvoller Herr. Sein Angesicht leuchtete so stark, dass ich ihn nicht ansehen konnte. Er redete mich freundlich an und sagte: „Stell dich an die Spitze dieser Kinder, Giovanni Bosco! Nicht mit Schlägen, sondern mit Milde, Güte und Liebe musst du sie zu Freunden gewinnen!"

BISCHOF: Das klingt ja fast wie eine Berufungsvision! Was ist denn weiter daraus geworden?

SPRECHER/IN: Wir sind nicht darüber unterrichtet, ob Don Bosco und sein Bischof sich noch weiter über diesen Traum, der historisch absolut zuverlässig bezeugt ist, unterhalten haben und ob der Bischof ihn mit einem finanziellen Zuschuss unterstützt hat. Wir wissen aber ziemlich genau, was weiter aus ihm und seinen Ideen geworden ist.

Als er 1882 starb, zählte sein Werk etwa 250 Häuser und Lehrwerkstätten in der ganzen Welt, die gegen 130 000 Jugendlichen Wohnung und Ausbildung boten, und es ist gewiss eine der genialsten kirchlichen Gründungen des 19. Jahrhunderts.

Hänsel und Gretel und das Brot des Lebens

Worum es geht: Hänsel und Gretel und das Geheimnis der Eucharistie
Personen: 5 (3 Sprecher/innen, Priester, Nikodemus)
Sprechdauer: ca. 7 Minuten

SPRECHER/IN 1: Du, *am Ende unseres heutigen Treffens* werden wir ja wieder zusammen Gottesdienst feiern; und da sagt der Priester doch im Namen Jesu: Nehmt und esst, das ist mein Leib, das ist mein Blut. Und wenn er den Gläubigen Brot und Wein reicht, sagt er dabei: der Leib Christi – das Blut Christi. Ich hab im Grunde noch nie richtig kapiert, warum wir Christen Fleisch und Blut Jesu essen.

SPRECHER/IN 2: Geht mir genauso! Ich weiß noch aus der Schule: In der Urkirche wurden die Christen beschuldigt, dass sie bei ihren geheimen Zusammenkünften Kannibalismus betreiben, und im 16. Jahrhundert ging bei den nordamerikanischen Indianern das Gerücht um: Der Leichnam des Christengottes wird in ihren Kapellen in einem Kasten auf dem Tisch aufbewahrt und die Missionare essen davon.

SPRECHER/IN 3: Na ja, das sind so Anekdoten aus dem Gruselkabinett der Kirchengeschichte! Es gibt doch bei jedem Menschen eine Zeit, in der er sich tatsächlich vom Fleisch und Blut eines anderen ernährt hat. Ich meine die Situation des ungeborenen Kindes im Mutterleib, das von seiner Mutter „behaust" und genährt wird. Denk mal an das Märchen von Hänsel und Gretel.

SPRECHER/IN 1: Was hat denn das mit der Eucharistie zu tun?

SPRECHER/IN 2: Hm, ich hab das Märchen immer so verstanden: Die Zeit der Einheit mit der Mutter ist für Hänsel und Gretel vorbei. Aber sie wollen sich dem Leben verweigern und an einem Platz Unterschlupf suchen, wo niemand sie finden kann, am besten wieder in den Schoß der Mutter hineinschlüpfen. Aber was vorbei ist, ist vorbei. Da ist dann das Lebkuchenhaus im Wald natürlich eine ungeheure Verlockung für sie. Es bietet Schutz und eine sichere Unterkunft und ist auch sehr nahrhaft. Da vergessen die Kinder direkt, dass sie gar nicht mehr so klein sind, wie sie sich nun benehmen, und verhalten sich wie Kleinkinder, die sich versorgen lassen.

SPRECHER/IN 1: Okay, ich zitiere die Brüder Grimm: „Da ward gutes Essen aufgetragen, Milch und Pfannkuchen mit Zucker, Äpfeln und Nüssen. Hernach wurden zwei schöne Bettlein weiß gedeckt, und Hänsel und Gretel legten sich hinein und meinten, sie wären im Himmel."

Bloß, was hat das mit der Eucharistiefeier zu tun?

SPRECHER/IN 3: Mal langsam! Also erst mal bin ich mit deiner (*WENDET SICH ZU SPRECHER/IN 2*) Erklärung ganz einverstanden. Das Lebkuchenhaus, das Hänsel und Gretel „aufessen" möchten, ist ein Symbol der Mutter, die tatsächlich ja das Kind mit ihrem Körper ernährt. So steht das Haus, das sie selig und sorglos verzehren, für die gute Mutter, die ihren Körper für die Ernährung des Kindes hergibt.

SPRECHER/IN 1: Aber dann dreht sich der Spieß doch um, und die Kinder sollen selber gefressen werden!

SPRECHER/IN 3: Ja, die Hexe symbolisiert eine große Gefahr. Wenn das Kind sich zu sehr an die Mutter klammert und wenn die Mutter ihr Kind nicht loslassen kann, dann droht Böses. Du kennst doch das Bild von der Mutter, die ihr Kind am liebsten „vor Liebe fressen", es „verschlingen" würde, um es für immer bei sich zu behalten.

SPRECHER/IN 2: Also das heißt: Der Versuch, in den Mutterschoß zurückzukehren, lockt nur die Hexe hervor. Dann warnt also das Märchen: Wir können die Herausforderungen und Schwierigkeiten des Lebens nicht dadurch lösen, dass wir zurückzukehren versuchen in ein phantasiertes Schlaraffenland?

SPRECHER/IN 1: Okay, das kapiere ich, da komm ich mit. Aber du willst doch nicht im Ernst behaupten, dass in der Eucharistiefeier dasselbe geschieht, was mit Hänsel und Gretel passiert? Außerdem gibt's da Brot und Wein und nicht Milch und Honig!

SPRECHER/IN 3: Klar, die „Lösung" der Eucharistie für die Herausforderungen des Lebens ist anders als bei Hänsel und Gretel. Die TeilnehmerInnen an der Eucharistie blicken zwar zurück auf Jesus Christus, aber dann auf die Zukunft vor ihnen. Deshalb betet der Priester nach der Wandlung:

PRIESTER: „Beschütze deine Kirche auf ihrem Weg durch die Zeit, und lass uns mit dir, wie du verheißen hast, zu Tische sitzen in deinem Reich."

SPRECHER/IN 2: Wenn ich das richtig verstehe, dann heißt das: das verlorene Paradies liegt hinter und das Reich Gottes vor uns?

SPRECHER/IN 3: Genau! Diese Unterscheidung scheint schon zur Zeit Jesu gar nicht so einfach gewesen zu sein. Als der jüdische Ratsherr Nikodemus sich bei Nacht mit Jesus bespricht, missversteht er die Aussage Jesu: „Wenn jemand nicht von neuem geboren wird, kann er das Reich Gottes nicht sehen" offenbar als Aufforderung zur Rückkehr in den Mutterleib. Deshalb reagiert er befremdet auf die Worte Jesu und fragt ihn:

NIKODEMUS: „Wie kann ein Mensch, der schon alt ist, neu geboren werden? Er kann doch nicht in den Schoß seiner Mutter zurückkehren und ein zweites Mal geboren werden?"

SPRECHER/IN 3: Halt, Nikodemus! Jesus spricht nicht vom Paradies, das hinter uns liegt, sondern vom Reich Gottes, das vor uns liegt! Ich verstehe aber, dass die Sehnsucht nach dem verlorenen Paradies tief in jedem von uns angelegt ist. Jeder war schließlich einmal, nämlich in der vorgeburtlichen Zeit, dort. Doch dahin zurückzukehren ist in der Tat unmöglich. Die Tür ist verschlossen, und vor der Paradiesespforte steht der Engel mit dem Flammenschwert, an dem sich jeder blutige Wunden holt, der es dennoch versucht.

SPRECHER/IN 1: Jetzt erkläre mir noch eines: Als Nahrung auf dem Weg ins Reich Gottes bietet die Eucharistie Brot und Wein, nicht „Milch und Pfannkuchen mit Zucker, Äpfeln und Nüssen". Das kann ja wohl kaum nur daran liegen, dass Wein für Kinder eher unbekömmlich ist und Pfannkuchen mit Zucker schlechter aufzubewahren sind als Brot.

SPRECHER/IN 2: Ich hab das immer so verstanden, dass Jesus den Ritus des jüdischen Pascha-Festes, bei dem ein Fladenbrot geteilt und vier Becher Wein getrunken werden, aufgegriffen hat. Er wählte eben nicht die Gaben des Paradieses, Milch und Honig, die die Natur von sich aus hergibt. Jenseits des Paradieses müssen wir Menschen für Brot und Wein, das Lebensnotwendige und das Festliche, selber und im „Schweiße unseres Angesichtes" hart arbeiten.

SPRECHER/IN 3: Lasst mich noch auf einen letzten Aspekt kommen. Wie nahe können Menschen einander sein, ohne miteinander zu verschmelzen und damit ihre eigene Persönlichkeit zu verlieren?

SPRECHER/IN 1: Ich denke, eine Umarmung, ein Kuss kann sehr viel Nähe ausdrücken.

SPRECHER/IN 2: Die intimste körperliche Nähe, die Menschen zueinander haben können, ist wahrscheinlich die sexuelle Begegnung.

SPRECHER/IN 3: Und im Essen des Brotes und im Trinken des Weines drückt sich eine Nähe aus, die noch näher und intimer ist. So nah, so innig, sagen wir Christen, möchte unser Gott mit uns Menschen zusammen sein. Eine noch größere Nähe und Intimität gibt es nicht, weil es nicht „mehr" zu erhoffen gibt als die Gemeinschaft mit Gott.

SPRECHER/IN 1: Ich glaube, ich habe etwas verstanden: Wir Christen verkriechen uns nicht in einer herbeiphantasierten heilen Welt. Das Paradies liegt hinter uns, das Reich Gottes vor uns. Wir erhoffen nicht mehr Milch und Honig aus dem verlorenen Paradies, sondern haben die Gaben von Brot und Wein, Notwendiges und Festliches, für den Gang durch die Welt.

SPRECHER/IN 3: Genau so ist es! Ich habe einmal ein Gedicht gelesen, in dem der Refrain hieß: „Wir sind noch nicht im Festsaal angelangt, aber wir sind eingeladen. Wir sehen schon die Lichter und hören die Musik."

Englische Hilfe

Worum es geht: Das Mögliche suchen zwischen Visionen und den gegebenen Umständen

Personen: 4 (Sprecher/in, junger Mann, Engel, Stimme)

Material: Walnüsse

Sprechdauer: ca. 7 Minuten

SPRECHER/IN: Ein junger Mann hatte einen Traum. Er betrat einen Laden. Hinter der Ladentheke sah er einen Engel. Hastig fragte er ihn:

JUNGER MANN: Was verkaufen Sie, mein Herr?

SPRECHER/IN: Der Engel gab freundlich zur Antwort:

ENGEL: Alles, was Sie wollen.

SPRECHER/IN: Der junge Mann sagte:

JUNGER MANN: Dann hätte ich gerne:

- das Ende der Kriege in aller Welt,
- immer mehr Bereitschaft, miteinander zu reden,
- Beseitigung der Elendsviertel in Lateinamerika,
- Ausbildungsplätze für Jugendliche,
- mehr Zeit der Eltern, um mit ihren Kindern zu spielen,

und, und …

SPRECHER/IN: Da fiel ihm der Engel ins Wort:

ENGEL: Entschuldigen Sie, junger Mann. Sie haben mich verkehrt verstanden. Wir verkaufen keine Früchte hier, wir verkaufen nur den Samen.

SPRECHER/IN: So weit diese bekannte Geschichte. Da bleibt natürlich noch manche Nuss zu knacken, denn:

JUNGER MANN: Ich möchte unsere *Pfarrgemeinde St. N.N.* voranbringen. Die Leute kommen mir oft vor wie die Kerne in der Schale. Jetzt habe ich diesen Nusskern hier, aber es dauert ewig, bis ein Baum daraus wächst und Früchte trägt. Warum geht das nicht schneller? Ich vertraue doch auf unsere Träume und Visionen. Ohne sie bliebe der Kern steril. Er würde keine Frucht bringen.

STIMME: Ich möchte unsere *Pfarrgemeinde St. N.N.* auch voranbringen. Aber ohne den nüchternen Blick auf die Realitäten kommen wir nicht weiter. Ich meine: Dann wäre der Nusskern ohne Erdreich. Und das ist noch schlimmer; denn dann kann überhaupt nichts wachsen.

JUNGER MANN: Wer bist *du* denn?

STIMME: Ich bin die andere Seite. Ich stelle die unbequemen Fragen. Und ich weise hin auf das, was ihr nicht sehen wollt: Habt ihr überlegt, ob das Erdreich geeignet ist, habt ihr Wasser zum Gießen, sind manche Nüsse vielleicht gar hohl? Anders gesagt: Reichen eure Kräfte?

JUNGER MANN: Ich kann doch nicht die Schale aufbrechen, um zu sehen, ob ein guter Kern darin ist: Dann kann ich höchstens noch den Kern aufessen, aber ihn nicht mehr pflanzen! Gibt's denn nur die Alternative: Träume und Visionen zu haben und daran zu arbeiten, dass etwas Gutes daraus wird – oder die Hoffnung aufzugeben und die Dinge laufen zu lassen, wie es gerade kommt?

STIMME: Die Welt ist nun mal hart, grausam und ungerecht, und es trifft immer die kleinen Schwachen! Wenn du das nicht akzeptierst, gehst du baden! Der Same nützt nichts, wenn der Boden nicht stimmt: Pflanze ihn in der Sahara, und du wirst sehen, was dabei herauskommt!

SPRECHER/IN: So könnte der Dialog natürlich noch lange hin und her gehen. Was hatte doch der Engel im Traum gesagt?

ENGEL: Entschuldigen Sie, junger Mann. Sie haben mich verkehrt verstanden. Wir verkaufen keine Früchte hier, wir verkaufen nur den Samen.

STIMME: Dann gib mir aber auch den richtigen Samen für den harten Boden. Sonst nützt mir dein Rat gar nichts!

JUNGER MANN: Dann liefere mir aber auch den Dünger und den Wasseranschluss mit. Sonst nützt mir dein Rat gar nichts!

ENGEL: In deinem Traum bist du in meinen Laden gekommen. Hast du nicht *zwei* Arme und zwei Hände, zwei Beine und zwei Füße? Versuche nicht, auf *einem* Bein zu stehen, du wirst es nicht lange aushalten. Und jetzt werde wach, lass dir den Nusskern schmecken – und dann geh und pack's an! (*DER JUNGE MANN VERTEILT DIE NÜSSE.*)

Vater unser

Worum es geht: Aktualisierung des Vaterunsers
Personen: 2 (Mensch, Gottesstimme)
Sprechdauer: ca. 5 Minuten

MENSCH: Vater unser im Himmel!

GOTTESSTIMME: Ja?

MENSCH: Unterbrich mich nicht, ich bete!

GOTTESSTIMME: Aber du hast mich doch angesprochen!

MENSCH: Ich habe dich angesprochen? Nun – nein – eigentlich nicht, das beten wir eben so: Vater unser im Himmel.

GOTTESSTIMME: Siehst du, du rufst mich schon wieder an. Willst du wirklich mit mir reden?

MENSCH: Geheiligt werde dein Name.

GOTTESSTIMME: Meinst du das ernst?

MENSCH: Was soll ich ernst meinen?

GOTTESSTIMME: Ob du meinen Namen wirklich heiligen willst. Was bedeutet das denn?

MENSCH: Es bedeutet, es bedeutet, meine Güte, ich weiß nicht, was es bedeutet. Woher soll ich das denn wissen?

GOTTESSTIMME: Es heißt, dass du mich ehren willst, dass ich dir einzigartig wichtig bin, dass ich dir wertvoll bin und dir etwas an mir liegt.

MENSCH: Ach so, ja, das versteh ich.
Dein Reich komme, dein Wille geschehe, wie im Himmel so auf Erden.

GOTTESSTIMME: Tust du etwas dafür?

MENSCH: Dass dein Wille geschieht? Natürlich, ich gehe jeden Sonntag in die Kirche, zu Weihnachten und zu Ostern jedenfalls. Wir zahlen alle die Kirchensteuer und ich den Jahresbeitrag für den *ABC-Verband*.

GOTTESSTIMME: Na, vielleicht geht es um mehr. Ich würde mir wünschen, dass dein Leben in Ordnung kommt und dass diejenigen Gewohnheiten, mit denen du anderen auf die Nerven gehst, etwas zurücktreten. Und ich will, dass Kranke geheilt, Hungernde gespeist, Trauernde getröstet und Gefangene befreit werden. Alles, was du für diese Leute tust, tust du für mich.

MENSCH: Warum hältst du denn mir das vor? Was meinst du, wie viele steinreiche Heuchler in den Kirchen sitzen. Dann wende dich doch erst mal an die!

GOTTESSTIMME: Entschuldige, ich dachte, du betest wirklich darum, dass meine Herrschaft aufgerichtet wird und mein Wille geschieht. Und das fängt ja nun wirklich immer ganz konkret bei dem an, der darum bittet. Erst wenn du dasselbe willst wie ich, kannst du ein Botschafter meines Reiches sein.

MENSCH: Okay, kann ich jetzt mal weiterbeten? Unser tägliches Brot gib uns heute.

GOTTESSTIMME: Bist du dir darüber im Klaren, dass du trotz Öko-Nahrung Übergewicht hast? Wenn du so betest, dann verpflichtest du dich damit, etwas dafür zu tun, dass die Millionen Hungernden in der Welt das tägliche Brot bekommen.

MENSCH: Und vergib uns unsere Schuld, wie auch wir vergeben unseren Schuldigern.

GOTTESSTIMME: Und wie ist das mit dem …

MENSCH: Nun fang doch bitte nicht auch noch von *dem* an! Du weißt doch, dass er mich schrecklich blamiert hat und dass ich schon jedes Mal wütend bin, wenn ich ihn sehe, noch bevor er den Mund aufmacht! Er nimmt mich nicht ernst und tanzt mir auf der Nase herum.

GOTTESSTIMME: Ich weiß, ich weiß. Und dein Gebet?

MENSCH: Ich meine es nicht so ernst!

GOTTESSTIMME: Na, wenigstens bist du ehrlich.

MENSCH: Und führe uns nicht in Versuchung, sondern erlöse uns von den Bösen.

GOTTESSTIMME: Nichts will ich lieber als das tun. Bitte meide Personen und Situationen, durch die du in Versuchung gerätst.

MENSCH: Wie meinst du das?

GOTTESSTIMME: Na, du kennst doch deine schwachen Punkte. Die liegen immer in den drei Bereichen: Macht, Sex und Geld.

MENSCH: Ich glaube, das ist das schwierigste Vaterunser, das ich je gebetet habe. Aber es hat auch wirklich zum ersten Mal etwas mit meinem alltäglichen Leben zu tun.

GOTTESSTIMME: Na siehst du, so kommen wir vorwärts. Bete ruhig zu Ende.

MENSCH: Denn dein ist das Reich und die Kraft und die Herrlichkeit in Ewigkeit. Amen.

GOTTESSTIMME: Weißt du, was ich gut finde? Wenn Menschen wie du anfangen, mich ernst zu nehmen und dann das tun, was sie für sich verstanden haben – wenn sie merken, dass ihr Wirken für das Kommen meines Reiches sie letztlich selber glücklich macht.

Aus einem Jugendgottesdienst am Angela-Merici-Gymnasium in Trier.

Über Ungerechtigkeit und Nebelwolken

Worum es geht: Verschiebung des Einsatzes für Gerechtigkeit auf den „Sankt-Nimmerleins-Tag"
Personen: 4 (Sprecher/innen 1+2, Kleiner Junge/Mann, Gottesstimme)
Sprechdauer: ca. 5 Minuten

SPRECHER/IN 1: Es war einmal ein kleiner Junge, der sehr darunter litt, wie sehr er der Ungerechtigkeit der Welt ausgesetzt war, denn er sah das Unrecht und das Leid seiner Freunde und der übrigen Welt. Da nahm er sich fest vor:

KLEINER JUNGE/MANN: Wenn ich erst einmal groß bin, dann werde ich das alles ändern!

SPRECHER/IN 2: Der Junge wuchs und wurde größer und hatte noch immer die Ungerechtigkeit und das Leid vor Augen; und er war noch immer fest entschlossen, dies alles zu ändern. Doch er sah sich als mittelloser Student einer ausweglosen Situation gegenüber. Deshalb beschloss er:

MANN: Sobald ich Geld verdiene, werde ich mich dafür einsetzen, Abhilfe zu schaffen!

SPRECHER/IN 1: Doch als er sein erstes Geld verdiente, musste er feststellen, wie verlassen er dem wirtschaftlichen Gerangel gegenüberstand. So beteuerte er:

MANN: Ich muss mir erst eine sichere berufliche Stellung verschaffen, dann werde ich alles ändern!

SPRECHER/IN 2: Er hatte nämlich noch immer die Ungerechtigkeiten in dieser Welt vor Augen und auch das Leid seiner Freunde und der übrigen Menschen. Er hatte nichts vergessen.

SPRECHER/IN 1: Doch als er sein berufliches Ziel erreicht hatte, stand er vor der Tatsache, dass er als Einzelner ja gar nichts ausrichten konnte. So fasste er wieder einen Beschluss:

MANN: Sobald ich eine gesellschaftliche und politische Grundlage habe, kann ich endlich alles ändern, was mich früher immer bedrückte!

SPRECHER/IN 2: Und er arbeitete und sparte weiterhin sehr fleißig und engagierte sich auf vielen Gebieten. Und er besprach sich mit seinen Freunden, die in der gleichen misslichen Lage waren wie er und die Missstände in der Welt lösen wollten.

SPRECHER/IN 1: Und wie im Märchen war es endlich so weit: Er hatte sich zum Industrieboss emporgearbeitet. Er besaß auch großen Einfluss in der Gesellschaft und in der Politik. Trotz seiner jetzt so guten Situation vergaß er nicht, dass er sich als kleiner Junge einmal etwas Revolutionäres vorgenommen hatte.

SPRECHER/IN 2: Er erinnerte sich, dass er sich aus der ungerechten Behandlung durch die Gesellschaft befreien wollte, und siehe da: Es war ihm schon gelungen.

SPRECHER/IN 1: Doch er erinnerte sich auch noch an seine Freunde, die er in diesen Beschluss mit einbezogen hatte. Er schaute sich nach denen um, die noch um ihn waren, und siehe da: Auch ihnen ging es nicht viel schlechter. Wenn sie auch noch nicht so weit waren wie er, so sollten sie sich nur gehörig anstrengen, er hatte es ja auch alleine geschafft!

SPRECHER/IN 2: So schaute er sich um nach der übrigen Welt, und er musste feststellen, dass es gar so furchtbar um sie ja nicht bestellt war. Er selbst hatte die ganze Gesellschaft von unten nach oben durchlaufen. Und im Rückblick wurde ihm klar, dass es so schlimm eigentlich nie gewesen war.

SPRECHER/IN 1: Den jungen Revolutionären, die macht- und mittellos für ihre Ziele kämpften, blieb er trotzdem sehr gewogen. Doch um sie unterstützen zu können, meinte er:

MANN: Sie sollen sich erst einmal im Leben bewähren!

SPRECHER/IN 2: Und eines Tages kam er schließlich – wie jedermann – vor seinen Gott, um über seinen Lebenswandel Rechenschaft abzulegen. Der fragte ihn dann auch:

GOTTESSTIMME: Was kannst du mir darüber erzählen, was du während deiner Lebenszeit für die Menschheit getan hast?

SPRECHER/IN 1: Ohne Hemmungen gestand er da:

MANN: Ich habe mein Leben lang gegen die Ungerechtigkeit auf der Welt gekämpft. Und ich muss sagen: Mein scharfer Geist hat es geschafft, sie fast vollständig auszurotten. Ich konnte jedenfalls keine mehr entdecken.

SPRECHER/IN 2: Da sprach der gerechte Gott zu ihm:

GOTTESSTIMME: Du hast deine Sache gut gemacht. Du sollst belohnt werden mit dem Zustand, in welchem du auf Erden lebtest. Du sitzt von nun an auf Wolke sieben, umgeben von dichten Nebelschwaden. Du wirst niemals sehen, was um dich her geschieht!

SPRECHER/IN 1: So sprach Gott. Und der blinde Seher sitzt in seiner Wolke umhüllt von dichten Nebelschwaden bis auf den heutigen Tag.

Nach einer Idee von Hartmut Glaser zum Weltfriedenstag 1982.

Kleider machen Leute – kaputt

Worum es geht: Sensibilität für fair gehandelte Kleidung
Material: eventuell den 2. Teil kopieren und am Schluss verteilen
Personen: 4 (Sprecherin, Sprecher, Arbeiterin 1+2)
Sprechdauer: ca. 6 Minuten

SPRECHERIN: *N.N.,* hab ich dir schon einmal gesagt, wie toll sauber ich deine Hemden immer finde?

SPRECHER: Nee, danke, weißt du, ich wasch die immer mit Extra-bunt-Mega-Perls ... Aber letztens bin ich stutzig geworden: Da hab ich etwas von so einer Kampagne gehört, so irgendwas von wegen „Sauberer Kleidung" – denen ging es gar nicht darum, ob z.B. die Hemden im wortwörtlichen Sinn „sauber" sind, sondern darum, dass die Hemden „sauber von Menschenrechtsverletzungen" sind ... Die hatten da so einen Satz, der hat es echt in sich, ich glaube, der hieß: „Es gibt kein Waschmittel, mit dem Menschenrechtsverletzungen weggewaschen werden können."

SPRECHERIN: Der sitzt. Mir fällt da ein, gestern erzählte mir jemand, dass sich schon vor 90 Jahren Textilarbeiterinnen in einem Aufstand für bessere Arbeitsbedingungen eingesetzt haben.

SPRECHER: So was begleite ich immer mit meinem Wohlwollen aus der Ferne.

SPRECHERIN: Das muss ganz heftig sein im Textilbereich: Die Frauen, die da in irgendwelchen Entwicklungsländern arbeiten, dürfen sich nicht gewerkschaftlich organisieren, haben keinen freien Tag, haben überhaupt keine Schutzrechte – das erzählte der gestern alles; auch dass eine Frau an einer Blinddarmentzündung starb, weil sie trotz Schmerzen während der Arbeitszeit nicht zum Arzt gehen durfte, und dass im Juni 1996 300 Frauen in Bangladesch in zwei Textilfabriken verbrannten, weil Notausgänge und Feuerlöschgeräte fehlten … Alles nur, damit die Produktionskosten niedrig bleiben …

SPRECHER: Na, auf die hab ich ja eh keinen Einfluss …

SPRECHERIN: Nun, aber zumindest fragen kann man ja mal, wie unsere Klamotten hergestellt werden, bisher habe ich mir darüber noch nie Gedanken gemacht. Bei Kaffee und so klassischen „Kolonialwaren", klar, da guck ich schon nach dem Transfairsiegel, aber bei Klamotten: Mensch, da bin ich doch froh, wenn ich im Schlussverkauf oder sonst so ein Schnäppchen mache … Wer kann sich denn das teure Zeug sonst leisten – mit BAföG geht das jedenfalls nicht … Und überhaupt: Die paar Sachen, die es im Welt- und Bioladen gibt: Frau will ja nicht ständig wie so ein Ökobesen rumlaufen …

SPRECHER: Genau, außerdem: Die Sachen, die meine Farbberatung mir empfiehlt, die gibt's „in Natur" sowieso nicht.

SPRECHERIN: Das mit der Farbberatung und all diesem „Wie finde ich meinen Typ …" ist auch schon so eine zwiespältige Sache – bei uns machen doch irgendwie Kleider Leute; aber ist auch egal, Sich-Wohlfühlen ist schon auch wichtig. Am besten wäre ja, die Klamotten, die ich eh kaufen mag, gäb es zu so „sauberen" Bedingungen; weißt du, so wie wir heute Kaffee im Supermarkt kaufen können, so würden doch viel mehr Leute diese „saubere Kleidung" kaufen, wenn sie das im normalen Laden machen können und nicht alle Vorstellungen von Schnitten und Farben und Stilen über den Haufen werfen und auch nicht so horrend viel wie im Bioladen dafür zahlen müssen.

SPRECHER: Ja, man müsste anfangen, Druck zu machen, denn sonst haben die Firmen ja keinen Grund, etwas zu ändern … Aber wenn Mann und Frau die Modemultis in die Verantwortung nehmen könnten …

SPRECHERIN: Du, *N.N.*, ich will dir wenigstens mal vorstellen, wie das in Indien zugeht:

ARBEITERIN 1: Ich wache jeden Morgen um halb fünf auf.
Ich muss Feuer machen.
Wenn ich mir das Gesicht gewaschen habe,
trinke ich hastig Tee.
Ich muss früh aus dem Haus, zur Arbeit.

ARBEITERIN 2: Ich fange um sieben Uhr morgens an mit der Arbeit.
Die Aufseherin kommt und fragt nach meiner Produktion.
Ich bedauere, dass ich das Ziel nicht schaffen kann.
Sie beschimpft uns dafür.

ARBEITERIN 1: Um halb elf kriegen wir einen Schluck Tee.
Der Tee schmeckt nach nichts, auch nicht nach Süße.
Wir trinken ihn nur, um unseren Hunger zu stillen.
Wir spielen nur mit, weil wir arm sind.

ARBEITERIN 2: Ich kam nach Katunayke, weil ich keine Arbeit hatte.
Ich kam in die Freihandelszone, um zu arbeiten.
Jetzt bin ich müde, und mein Job ekelt mich an.

ARBEITERIN 1: Neulich war ich krank.
Aber ich durfte die Fabrik nicht verlassen.
Ich weiß, eines Tages werde ich arbeiten müssen,
obwohl ich krank bin.
Ich falle bestimmt noch tot um bei dieser Firma.

ARBEITERIN 2: Ich arbeite den ganzen Monat lang.
Dafür bekomme ich 800 Rupees.
Eine Anwesenheitszulage wird bezahlt – 72 Rupees.
Sonst gibt es für uns keine Zulagen.

ARBEITERIN 1: Morgens um sieben sitze ich an der Maschine.
Morgens um acht kommt schon die Aufseherin.
Sie fragt nach meiner Produktion.
Ich sage ihr nur die Anzahl, die ich schaffen kann.

ARBEITERIN 2: Ich habe oft Schmerzen in der Brust.
Die Aufseherin sagt, ich soll in den Erste-Hilfe-Raum gehen.
Da kann ich für eine Viertelstunde bleiben.

Danach komme ich zurück und sitze an der Maschine.

ARBEITERIN 1: Meine Mutter weiß nicht, wie viel ich leide.
Nur ich weiß, wie viel ich leide.
Ich gehe morgens und komme nachts zurück.
Ich leide unter Schmerzen in meinem Körper.

ARBEITERIN 2: Wir bekommen nie frei.
Frei kriegen wir nur im Notfall,
und auch dann nur nach langem Hin und Her.
Wir, die wir arm sind, müssen so viel leiden.

ARBEITERIN 1: Meine Mutter gab mir ihre eigene Milch.
Mein Vater, er hat geschuftet für uns.
Mein Lehrer, er gab mir das Wissen.
Ihnen bin ich Respekt schuldig.

Quelle: Friedrich-Ebert-Stiftung, Dialogreihe Entwicklungspolitik 3, Textilarbeiterinnen fordern Gerechtigkeit, o.J.

Lebensformen

Worum es geht: Vom Zusammenleben der Menschen und von den Lebensformen Gottes
Personen: 6 (Sprecher/innen 1–6)
Sprechdauer: ca. 7 Minuten

SPRECHER/IN 1: Wer noch oder schon oder wieder nach einer passenden Lebensform für sich sucht, wird sich vielleicht auch einmal umschauen, welche Anregungen und Hilfen die christliche Botschaft für die Wahl und Gestaltung der eigenen Lebensform anzubieten hat.

SPRECHER/IN 2: Doch ein Blick ins Alte/Erste und Neue/Zweite Testament zeigt, dass das gar nicht so einfach ist. Denn was die individuellen Lebensformen betrifft, ist sowohl deren Beschreibung wie deren Bewertung keineswegs so eindeutig, wie sich vielleicht in einem traditionellen christlichen Kontext vermuten lässt.

SPRECHER/IN 3: Adam und Eva gelten zwar als ein monogames Paar, aber eine außerbiblische Legende, die wir im Alten Testament im Buch des Propheten Jesaja wieder finden, weiß von Adams erster Frau Lilith zu berichten (Jes 34,14).

SPRECHER/IN 4: Der Patriarch Jakob hatte zwei Frauen: Lea und Rachel (Gen 29),

SPRECHER/IN 5: König David – alle zusammengerechnet – vermutlich zwölf.

SPRECHER/IN 6: Und von Salomon wird berichtet: „Er hatte siebenhundert fürstliche Frauen und dreihundert Nebenfrauen" (1 Kön 11,3).

SPRECHER/IN 3: Der Prophet Jeremia lebte wohl zölibatär (Jer 16,2),

SPRECHER/IN 4: und der Jugendfreund König Davids, Jonathan, wird gern in der Homosexuellenszene als früher Vertreter homoerotischer Partnerschaften angesehen.

SPRECHER/IN 5: „Du warst mir sehr lieb. Wunderbarer war deine Liebe für mich als die Liebe der Frauen", besingt David seinen Freund Jonathan (2 Sam 12,26).

SPRECHER/IN 6: Und wie sieht es im Neuen Testament aus?

SPRECHER/IN 1: Einerseits gibt es in der Botschaft Jesu eine große Hochachtung der Ehe und der Gleichwertigkeit von Mann und Frau. Im Plan des Schöpfergottes sei es aus überhaupt keinem Grund vorgesehen, dass ein Mann seine Frau „aus der Ehe entlässt", sagt Jesus, einzig die Herzenshärte der Menschen habe Mose bewogen, dies zu ermöglichen (Mk 10,2–12). Die Urkirche hat dies so interpretiert, dass es auch im umgekehrten Fall gilt, also dass auch „eine Frau Ehebruch begeht, wenn sie ihren Mann entlässt und einen anderen heiratet" (Mk 10,12). Diese Möglichkeit für Frauen gab es im römischen, nicht aber im jüdischen Kulturkreis.

SPRECHER/IN 2: Anderseits findet sich bei Jesus eine Relativierung der Lebensgemeinschaft von Mann und Frau.

SPRECHER/IN 3: „Wenn die Menschen von den Toten auferstehen, werden sie nicht mehr heiraten, sondern sie werden sein wie die Engel im Himmel" (Mk 12,25), sagt er als Antwort auf eine theologische Spitzfindigkeit seiner Zeit und spricht zu seinen Jüngern klar und deutlich von der Möglichkeit der „Jungfräulichkeit um des Himmelreiches willen" (Mt 19,12).

SPRECHER/IN 4: Offenbar ist für ihn auch eine noch so gelingende Ehe und Partnerschaft nicht der allerwichtigste anzustrebende Lebenswert.

SPRECHER/IN 5: Auf der gleichen Linie argumentiert der Apostel Paulus. Den Verheirateten sagt er, sie sollten sich so verhalten, als wären sie es nicht (1 Kor 7,29), womit er nicht einer Abwertung von Leiblichkeit und Lust das Wort redet. Es geht ihm vielmehr darum, in jeder Lebensform letztlich nicht der Welt zu verfallen, sondern auf Gott allein als den Grund des Lebens zu bauen. Man würde sich in dieser Sichtweise auch nicht durch Androhung von Gewalt gegen den Ehepartner oder umgekehrt mit seiner Hilfe zu irgendeinem Unrecht erpressen lassen.

SPRECHER/IN 6: Da fragt sich nun der arme Christenmensch, woran er sich denn halten soll. Ist alles gleich gültig und damit gleichgültig? Oder könnte es vielleicht sein, dass die Frage, ob jemand in einer Partnerschaft lebt oder nicht und in was für einer Partnerschaft und wie, aus der Sicht des christlichen Glaubens gar nicht so zentral ist, sondern dass stattdessen etwas ganz anderes viel entscheidender ist?

SPRECHER/IN 1: Vielleicht ließe sich ja ein Ausweg aus diesem Dilemma finden, indem man es einmal andersherum versucht: Wenn man mit dem Nachdenken über den Menschen nicht weiterkommt, dann könnte man doch mal probeweise über Gott nachdenken und überlegen, ob sich etwas darüber herausfinden lässt, wo und in welcher Lebensform der denn zu Hause ist und ob das für uns etwas zu bedeuten haben könnte.

SPRECHER/IN 2: In der Tat haben die Religionen der Welt vor und nach Jesus von Nazaret darüber nachgedacht, wo Gott denn wohnt und wie wir uns – bildlich gesprochen – seine „Lebensform" vorzustellen hätten, und meinten je auf ihre Weise sagen zu können: „Seht da, die Wohnung Gottes unter den Menschen!" (Offb 21,3).

SPRECHER/IN 3: Und wo und wie wohnt er nun?

SPRECHER/IN 4: „Ganz innen in der Seele, in der Tiefe des Herzens", antworten die Buddhisten, und deshalb versenken sie sich in der Meditation bis an den Ort, an dem alles durchsichtig wird bis auf den Grund.

SPRECHER/IN 5: „In der Schönheit der Dinge und in der Erotik zwischen Mann und Frau", antworten die Hindus, und deshalb gestalten sie ihre Tempel und ihre Feste als Lobpreis der Schönheit und aller Lebewesen.

SPRECHER/IN 6: „Im Himmel jenseits der Höhe des Firmamentes", sagen die Moslems, und deshalb bauen sie ihre Moscheen so, dass deren Dachkuppel das blaue Himmelszelt weit über uns abbildet.

SPRECHER/IN 1: „Im Volk Gottes auf dem Weg", sagen die Juden, und deshalb hat er sich ihnen im Gesetz offenbart, das das Zusammensein der Menschen regelt und ordnet.

SPRECHER/IN 2: Und was sagen wir Christen?

SPRECHER/IN 3: Dies alles würden wir auch antworten und noch hinzufügen: „und in jedem einzelnen Menschen, wie groß oder klein, wichtig oder unbedeutend, erfolgreich oder gescheitert er auch sein mag". Denn so haben wir es gelernt von Jesus von Nazaret.

SPRECHER/IN 4: Wenn wir uns mit dem Erkennungszeichen unseres Glaubens bezeichnen, mit dem Zeichen des Kreuzes, dann sagen wir zuerst: „Im Namen des Vaters" – und führen dabei die Hand an die Stirn. Wir bezeichnen damit Gott, der über uns in unzugänglichem Licht wohnt und den kein Mensch je gesehen hat (Joh 1,18), der der ganz andere, der Transzendente ist, von dem wir uns kein Bild zu machen vermögen und von dem sogar die Hl. Schrift an einigen, freilich wenigen Stellen sagt, dass es schrecklich ist, in seine Hände zu fallen.

SPRECHER/IN 5: Dann sagen wir: „und des Sohnes" – und führen die Hand zum Herzen hinunter. Von der Symbolik her wäre es noch besser, wir führten sie bis zum Leib; denn wir bezeichnen damit Gott, der zu den Menschen und in die Tiefen des menschlichen Lebens hinabgestiegen ist und bei und unter ihnen gelebt hat.

SPRECHER/IN 6: Schließlich sagen wir: „und des Heiligen Geistes" – und führen die Hand zu unseren beiden Armen und um den Bereich des Herzens. Wir bezeichnen damit Gott, der durch seinen Geist bei uns ist alle Tage bis ans Ende der Welt (Mt 28,20).

SPRECHER/IN 1: Heißt das nun, dass Gott in uns Menschen wohnt?

SPRECHER/IN 2: Ja sicher – und noch etwas dazu. Ein Heiliger des 16. Jahrhunderts hat es so ausgedrückt:

SPRECHER/IN 3: „Wenn wir das heilige Kreuzzeichen machen, legen wir die Finger der Hand zunächst an das Haupt: das bedeutet Gott den Vater, der von niemandem ausgeht. Dann berühren unsere Finger den Leib: das bedeutet den Sohn, unseren Herrn, der vom Vater gezeugt wird und in den Leib der heiligen Jungfrau Maria hinabstieg. Dann legen wir die Finger an die eine und die andere Schulter: das bedeutet den Heiligen Geist, der da ausgeht vom Vater und vom Sohn. Und endlich, wenn wir unseren Mund mit dem Kreuzzeichen siegeln, so sagt dies: In Jesus, unserem Heiland und Erlöser, wohnt der Vater, der Sohn, der Heilige Geist, ein einziger Gott, unser Schöpfer und Herr" (Ignatius von Loyola, 1491–1556).

Weihnachtsspuren

Worum es geht: Die Darstellung der Krippenszene als innerseelisches Bild
Material: zum Text passendes Krippenbild, eventuell zum Verteilen
Personen: 4 (Sprecher/innen 1–4)
Sprechdauer: ca. 4 Minuten

SPRECHER/IN 1: Den frühesten Hinweis auf das Weihnachtsfest fand ich dieses Jahr schon Anfang Oktober: In einem *ABC-Städter* Kaufhaus standen – wenn auch noch ein wenig verborgen in der obersten Regalreihe der Geschenkabteilung – die ersten Kartons mit Krippenfiguren.

SPRECHER/IN 2: Klar, viele Firmen machen doch den Löwenanteil ihres Jahresumsatzes in der Weihnachtszeit. Da fangen sie rechtzeitig damit an!

SPRECHER/IN 3: Bloß das allein kann mir die große Anziehungskraft, die das Weihnachtsfest auf die Leute ausübt, noch nicht erklären.

SPRECHER/IN 4: Habt ihr eine Idee, was am Weihnachtsfest jedes Jahr wieder so faszinierend ist? Irgendwie ist das fast umgekehrt proportional zum „Verdunsten" einer christlichen Glaubens- und Lebenskultur, die wir sonst überall erleben.

SPRECHER/IN 1: Der Wunsch, zu schenken und sich beschenken zu lassen, ist doch ganz natürlich!

SPRECHER/IN 2: Vielleicht wird noch etwas anderes in uns Menschen durch das Weihnachtsfest angerührt.

SPRECHER/IN 3: Was hältst du davon: Weihnachten spricht unsere Sehnsucht nach Heilwerden und Ganzsein an. Dieser Sehnsucht entspricht dann die Gestalt des „göttlichen Kindes", dessen Geburt wir an Weihnachten feiern.

SPRECHER/IN 4: Die These gefällt mir gut! Ich hab *gestern* ein

Weihnachtsbild gesehen, das zeigte eine offene Höhle in einem felsigen Berg. Im Eingang der Höhle liegt Maria, über ihr ist die Krippe mit dem Kind, das von Ochs und Esel freundlich angeschaut wird. Aus der dunklen Höhle kommt das Licht. Es sah so aus, als wenn die Nacht den Tag gebiert.

SPRECHER/IN 1: Solche Darstellungen hab ich auch schon viele gesehen. Manchmal ist es ein Stall, in dem sich das abspielt, manchmal eine Höhle oder auch die Ruine eines großen Hauses, manchmal kommt Josef noch mit dazu und die drei Könige, Engelchöre sind mit dabei oder Hirten und Schafe – aber immer steht das göttliche Kind im Mittelpunkt.

SPRECHER/IN 2: Ich erinnere mich an einen Traum, den mir jemand vor einiger Zeit erzählte: In diesem Traum tauchte ein neugeborenes Kind auf, und der Betreffende verstand das als Hinweis auf einen Heilungs- und Reifungsprozess in seinem Leben. Er meinte, dass ein krisenhafter Lebensabschnitt zu Ende ging: Und mit dem „Kind" deutet der Traum die Chance eines Neubeginns an.

SPRECHER/IN 3: Vielleicht hat auch die Menschheit als Ganzes einen solchen Kind-Traum nötig.

SPRECHER/IN 4: Genau! Mit jedem Kind fängt ja die Weltgeschichte gewissermaßen wieder neu an. Im Mittelpunkt des Weihnachtsfestes steht das göttliche Kind. Aber wir werden auch daran erinnert, dass in uns ein Kind ist, das geboren werden will, und dass wir auch noch in einem Prozess des Geborenwerdens stehen.

SPRECHER/IN 1: Vielleicht ist ja die Geburt eines Menschen nicht nur ein augenblickliches Ereignis, sondern ein dauernder Vorgang. Und vielleicht ist dann das Ziel des Lebens, ganz geboren zu werden?

SPRECHER/IN 2: Ich glaube, dass das Weihnachtsfest auch deshalb so tief im Bewusstsein und in den Bräuchen unseres Kulturkreises verwurzelt ist, weil wir Menschen an diesem

Fest wieder besonders eindringlich hingewiesen werden auf diesen Geburtsvorgang, in dem wir alle drinstehen:

SPRECHER/IN 3: „Das Volk, das im Dunkeln lebt, sieht ein helles Licht (Jes 9,1)“, habe ich auf einer Weihnachtskarte gelesen.

SPRECHER/IN 4: Und oft ist oben auf den Weihnachtsbildern noch ein Stern abgebildet. Das verstehe ich jetzt so: In der Höhle wird das Kind des Lichtes und der Hoffnung geboren, dass alles neu und anders werden wird. Und wo dies im Herzen eines Menschen geschieht, da geht – wie in den Krippendarstellungen – über dem Dunkel ein „Stern“ auf und es ist „Frieden“ in seinem Leben.

Klagemauer

Worum es geht: Aufmerksam machen auf die Gewalt in unserer Gesellschaft

Vorbereitung: Zeitungen der vergangenen Tage/Wochen sichten und entsprechende Berichte heraussuchen

Material: Korb mit Steinen

Personen: 5 (Sprecher/innen 1–5)

Sprechdauer: ca. 10 Minuten

SPRECHER/IN 1: Ursprünglich wollten wir die geistlichen Impulse *bei dieser Konferenz* unter das Leitthema „Fremde“ stellen. Ich war neugierig, einmal zu untersuchen, was die Bibel zum Thema „Fremde“ zu sagen hat, darüber nachzudenken, welche Forderungen das Christentum an den Umgang mit Fremden stellt. Außerdem fanden wir es spannend zu untersuchen, was das Christentum und andere Religionen einander zu sagen haben.

SPRECHER/IN 2: Inzwischen haben die Ereignisse *der vergan-*

genen Wochen mir die Sprache verschlagen und mein Nachdenken unterbrochen und mich dazu gebracht, meinen Ansatz neu zu überdenken. Angesichts der Ausschreitungen gegen Fremde, die sich *Nacht für Nacht in unserem Land* abspielen, konnten wir nicht einfach im Alltag weitermachen. Diese Gewalttaten haben unser Nachdenken unterbrochen; und ich denke, sie erfordern auch Unterbrechung unseres Alltags und der Alltäglichkeiten, um uns zu vergegenwärtigen, was um uns herum geschieht: Unterbrechung, die Zeit gibt für Trauer, Klage und Anklage.

SPRECHER/IN 1: In diesem Sinn lade ich euch zu einem Experiment ein. In einer Zeit, in der Steine gegen Häuser und Menschen fliegen, habe ich euch Steine mitgebracht. Ich bitte euch, dass ihr euch alle jetzt einen Stein aus dem Korb nehmt und ihn in die Hand legt. Es ist jetzt Zeit, diesen Stein in der Hand zu erkunden:

SPRECHER/IN 2: – Wie schwer dieser Stein ist und was er alles zerstören kann, wenn er gegen Häuser geworfen wird!

- Es gibt Steine mit kantigen Oberflächen. Unsere Finger können spüren, wie leicht man sich an ihnen verletzen kann. Was wird er wohl verletzen, wenn ein solcher Stein einen Menschen trifft?
- Manche Steine haben eine ganz glatte Oberfläche, aalglatt. An ihnen perlt alles ab – wie an vielen Menschen in dieser Zeit – an uns auch?

SPRECHER/IN 1: In einer Zeit, in der Steine gegen Häuser und Menschen fliegen, habe ich Steine mitgebracht als Zeichen für das Unrecht, das in unserer Gesellschaft zur Zeit geschieht. Ein Blick in die Zeitungen *des letzten Monats* lässt erschrecken und gibt Grund zur Klage:

SPRECHER/IN 3: *(Bitte beachten: Die folgenden Zitate sind nur Beispiele und entsprechend zu aktualisieren)*

Mittwoch, 26. August: Neuer Gewaltausbruch vor Asylantenheim / Bürgerkriegsähnliche Zustände / Skandal von Rostock verschärft den Asylstreit / Ausschreitungen in Bonn nach den Rostocker Unruhen / Chaos und Feuer in der dritten Rostocker Krawallnacht / Die Stimmung ist umgeschlagen: Beschämung bei den Bürgern.

SPRECHER/IN 4: Donnerstag 27. August: Rechtsextreme wollen in Rostock „weitermachen". Rostock erlebte eine neue Dimension der Gewalt / In der vierten Nacht gaben Jugendliche den Ton an / Brutalität überraschte selbst demonstrationserfahrene Westpolizisten / Die Stimmung in den tristen Neubaugebieten der neuen Bundesländer ist mittlerweile so brisant, dass schon der kleinste Funke genügt, um ein Pulverfass in die Luft zu jagen / Da ist man doch schließlich wieder wer! Unter Rostocks Jugendlichen wächst die Gewaltbereitschaft / Frust und gähnende Leere.

SPRECHER/IN 5: Freitag, 18. September: Neue Gewaltnacht in Wismar / In Wismar haben in der Nacht zum Donnerstag zum dritten Mal hintereinander jugendliche Gewalttäter die Bewohner des Asylbewerberheims angegriffen / Im vorpommerschen Zemnitz schleuderten Unbekannte eine Brandflasche gegen das Asylbewerberheim.

SPRECHER/IN 1: Mit dem Stein in unserer Hand und angesichts dieser Schreckensnachrichten liegt die Frage nahe: Und wir? Ich unterstelle einmal, dass von uns niemand in Rostock oder anderswo mit Steinen geworfen hat. Dennoch denke ich, dass sich viele von uns bisher zu wenig mit dieser Thematik und auch vor allen Dingen mit den Fremden, die in unser Land kommen, auseinander gesetzt haben.

SPRECHER/IN 2: Die Zeichen der Zeit fordern uns heraus. Es ist Zeit. Wir dürfen nicht schweigen. In einer Zeit, in der Steine gegen Menschen und Häuser fliegen, halten wir Steine in der Hand. Mit Steinen kann man auch anderes tun, als sie zu werfen. Mit Steinen kann man auch bauen – Mauern, Häuser, Brücken.

SPRECHER/IN 1: Mit den Steinen, die wir in Händen halten,

können wir keine Häuser bauen, aber eine Art Klagemauer. Ich bitte euch, die Steine mitzunehmen *in die Konferenz* und sie vor euch auf die Tische zu legen. Der Steinkreis, der dann entsteht, soll unsere Art von Klagemauer sein. So werden die Steine als Zeichen des Unrechts Zeichen unserer Klage und unseres Protests.

„Warum sind Sie aus Ihrem Land geflüchtet?"

Worum es geht: Sich einfühlen in die Situation von Asylbewerber/innen
Material: eventuell das Gedicht für jede/n
Personen: 5 (Sprecher/innen 1–4, Flüchtling)
Sprechdauer: ca. 5 Minuten

SPRECHER/IN 1 (Beim Anschluss an den geistlichen Impuls „Klagemauer" die folgende Einleitung):
Während wir uns heute Morgen die Situation in unserem Land angeguckt haben, sollen nun die Menschen, die zu uns kommen, stärker im Mittelpunkt stehen.
Jetzt geht es darum, denen, die mundtot gemacht werden, eine Stimme zu verleihen, Gehör zu schenken. Da leider kein Fremder, keine Fremde unter uns weilt, müssen wir unsere Phantasie bemühen. Ich lade euch ein zu einer kleinen Gedankenreise:

SPRECHER/IN 2: Stellt euch vor, wir verlassen Deutschland, ihr verlasst eure Stadt, eure Bekannten, eure Freunde, eure Familien, eure Wohnungen, ihr könnt nichts mitnehmen außer einer kleinen Tasche mit Habseligkeiten. Alles andere bleibt zurück. Die Reise führt in ein Land, das ihr nicht kennt. Ihr sprecht die Sprache nicht und könnt euch nicht verständigen. Ihr versteht die Menschen nicht, und sie verstehen euch nicht. Alles ist euch fremd: wie die Menschen reden, wie sie sich anziehen, wie sie sich verhalten, welche Vorlieben sie haben, wie sie feiern, wie sie beten. Eure Verhaltensmaßstäbe und Wertvorstellungen sind außer Kraft gesetzt, sie gelten in diesem Land nicht. Anders gesagt: Ihr versteht die Welt nicht mehr.

SPRECHER/IN 1: Und dann stellt euch vor, in dieser Situation fragt euch jemand: „Warum sind Sie aus Ihrem Land geflüchtet?"

SPRECHER/IN 2: Ein Flüchtling mit Namen Cengiz Dogu, der nach Deutschland gekommen ist, hat seine Erfahrungen mit dieser Frage aufgeschrieben. Hören wir einmal, was er sagt:

SPRECHER/IN 3: Warum sind Sie aus Ihrem Land geflüchtet?

FLÜCHTLING: Das ist die unfruchtbare Frage der Engstirnigen. Warum flieht man aus seinem Land? Die Sehnsucht nach seiner Erde reicht einem bis an die Knochen, die Schönheit der Sprache – warum flieht man sie?
Wenn die Grausamkeit ihre Schatten wirft,
wenn die Lieder verboten sind,
wenn die Ketten in den Gedanken rasseln,
wenn die Menschenjäger mit ihrer Treibjagd beginnen,
wenn die Stimme der Folter den Platz des Lachens einnimmt,
wenn der Faschismus die Sonne verdunkelt,
wenn die Sehnsucht nach Helligkeit vor allem anderen kommt.

SPRECHER/IN 3: Warum sind Sie aus Ihrem Land geflüchtet?

FLÜCHTLING: In einem kleinen Zimmer verhallt das Echo der Wörter. Die Intoleranz der Gleichgültigkeit schleudert sich zwischen die Menschen. Du kannst mit Ironie antworten:
„Weil es in meinem Land keinen Platz mehr im Kerker gibt –
Um nicht auf offener Straße vor den Augen eines hungrigen Kindes erschossen zu werden …"

SPRECHER/IN 3: Warum sind Sie aus Ihrem Land geflüchtet?

Warum sind Sie aus Ihrem Land geflüchtet? Warum sind Sie aus Ihrem Land geflüchtet?

SPRECHER/IN 4: Ihre Gründe ... Ihre Gründe ... Ihre Gründe ...?

FLÜCHTLING: Der Mensch fühlt sich selbst schwerelos in Bewegungen wie in einem langsam laufenden Film. Dann, mit schwitzenden Händen, kannst du die Aufregung des Grenzübertritts von neuem erleben. Unter den starren, monotonen, wiederholt einsetzenden Fragen ist dein Herz wie ein zappelnder Vogel.

Wo liegt die Bedeutung, der Sinn, sich in allem zu erklären? Dein Leben wird durchsucht. Die Schmerzen verschwenden sich, die Wörter reichen nicht, sie zu erklären. Wenn du nichts für dich behältst, entblößt du dich erklärend. Ganz nackt, dein Herz ist ganz nackt, deine Gefühle, deine Gedanken sind ganz nackt.

Die Sattheit und Gleichgültigkeit stellt die unduldsamen Fragen, die immer wieder klatschend deine Blöße wie Peitschenhiebe treffen.

SPRECHER/IN 3: Warum sind Sie geflüchtet? Warum? Warum?

FLÜCHTLING: Im Namen der Menschlichkeit schwillt ein Gefühl in deinem Innern, ähnlich Scham, ähnlich Angst, Betroffenheit. Du willst hinausgehen, hinausgehen ...

SPRECHER/IN 3: (*LAUT*) Wohin?

SPRECHER/IN 1: Was wir bislang gehört haben, scheint wenig mit einem geistlichen Impuls zu tun zu haben. Wenn es allerdings stimmt, was ein kluger Theologe einmal gesagt hat, dass nämlich Unterbrechung die kürzeste Definition für Religion ist, dann wird deutlich, was dieser Impuls mit Religion zu tun hat.

SPRECHER/IN 2: Wenn wir das religiöse Gesetzeswerk des Volkes Israel, das alle Bereiche und Belange des menschlichen Lebens regelt, als so etwas verstehen wie unser Grundgesetz, dann gab es bereits zur Zeit des israelitischen Reiches ein Asylrecht. Das Ganze hört sich dann so an:

SPRECHER/IN 3: Wenn bei dir ein Fremder in eurem Land lebt, sollt ihr ihn nicht unterdrücken. Der Fremde, der sich bei euch aufhält, soll euch wie ein Einheimischer gelten, und du sollst ihn lieben wie dich selbst; denn ihr seid selbst Fremde in Ägypten gewesen. Ich bin der Herr, euer Gott (Lev 19, 33.34).

SPRECHER/IN 1: Wer Ohren hat zu hören, der höre!

Das Gedicht schrieb Cengiz Dogu am 12.12.1983.

Bergwanderungen, 1. Teil: Auf dem Berg mit Wassermann

Worum es geht: Sich auf das Abenteuer „Berg" einlassen: Der Berg offenbart Lebensperspektiven, aber gelebt wird im Tal

Personen: 7 (Erzähler/in 1+2, Mann, Kröte, Wassermann, Polizist, Frau)

Sprechdauer: ca. 12 Minuten

ERZÄHLER/IN 1: Es war einmal vor langer, langer Zeit, da lebte in einem Land ein Volk. Die Zeiten sind so lange her, dass sie barbarisch waren, die Männer als Patriarchen lebten und ihre Frauen unterdrückten. Das Volk war zahlreich, es hatte große und wunderschöne Städte, weite Felder und wasserreiche Flüsse. Weil dieses Land reich war, waren seine Einwohner überall angesehen und hoch geehrt. Sein König war mächtig, aber nicht gieriger und grausamer, als es die Mächtigen der damaligen Zeit allgemein waren.

ERZÄHLER/IN 2: Und dasselbe traf auf die vielen Götter zu, die über Land, Leute, König und Reichtum wachten. Diejenigen im Volk aber, die meinten, dass es ihnen weniger gut gehe, als sie es verdienten, waren unzufrieden und murrten. Sie murrten gegen die Reichen, gegen den König und gegen die Götter. Und die Polizei ergriff die Murrer, wo sie ihrer habhaft werden konnte, und warf sie in bittere Sklaverei.

ERZÄHLER/IN 1: Es lebte ein Mann namens Wassermann. Schon in seiner Kindheit ging er oft alleine in die Auen und Moraste um den träge dahinfließenden Strom in der Nähe seines Elternhauses. Dort stocherte er im weichen Erdreich, schaute den Fischen und Vögeln zu. So oft ging er zum Wasser und so lange blieb er dort, dass die Leute sagten:

MANN: Er muss wohl aus dem Wasser gezogen worden sein!

ERZÄHLER/IN 1: Darum nannten sie ihn Wassermann; seinen richtigen Namen vergaßen sogar seine Eltern mit der Zeit.

ERZÄHLER/IN 2: Als er zu einem Jüngling von schöner Gestalt herangewachsen war, da sprach ihn eine große Kröte an, wie er sie größer noch nie gesehen hatte, mit einer goldenen Krone auf dem grünen Kopf.

KRÖTE: Du bist fast jeden Tag deines Lebens in mein Reich eingedrungen; aber weil du mich und meine Untertanen angeschaut und dich an unserem Anblick erfreut hast, was keiner deiner Menschenbrüder tut, und weil du nicht versucht hast, uns totzuschlagen oder zu quälen, was alle deine Brüder tun, will ich dir ein Geschenk machen. Schau in diese Pfütze dort!

ERZÄHLER/IN 1: Wassermann dachte bei sich:

WASSERMANN: Was soll ich in die Pfütze schauen, da sehe ich doch nur mich selber.

ERZÄHLER/IN 2: Aber als er hineinschaute, sah er sich und sah sich und sah sich und wollte nicht aufhören, sich anzuschauen. Den ganzen Tag und die ganze Nacht, vielleicht auch viele Tage und viele Nächte schaute er. Als er nach Hause kam, vermeinte er, dass ihm alles fremd sei, seine Eltern, Geschwister, das Haus, und so nahm er seinen Hut und zog aus, seine Bestimmung zu suchen.

ERZÄHLER/IN 1: In der Stadt fand er die Murrer, die bekannten und die unbekannten, die erkannten und die unerkannten, und er sagte ihnen:

WASSERMANN: Wenn ihr mich als Führer anerkennen wollt, will ich euch wohl ein besseres Land verschaffen.

ERZÄHLER/IN 2: Des waren die Murrer froh, und eines Tages zogen sie mit Sack und Pack, mit Kind und Kegel hinter ihm her, einer besseren Zukunft entgegen. Der König schickte seine Polizei hinterher, sie zurückzuholen, denn welcher Herrscher will auch nur den kleinsten Teil seines Besitzes hergeben? Aber als sie bereits den Fluss durchschritten hatten, sagten die Polizisten zueinander:

POLIZIST: Was sollen wir sie weiter verfolgen? Es sind doch nur Murrer, die nichts weiter als Arbeit machen! Sollen sie sich doch gegenseitig anmurren!

ERZÄHLER/IN 1: Wassermann zog mit seinem Volk durch unbewohntes Gebiet; sie wollten ihn zum König ernennen, aber er sagte:

WASSERMANN: Ich habe in der Pfütze einen Führer, keinen König gesehen.

ERZÄHLER/IN 2: Das verstand zwar niemand, aber wie immer vermutete das Volk hinter Unverständlichem eine große Weisheit und schickte sich. In Wahrheit wusste Wassermann nicht, wie weiter und wohin, nicht vor und nicht zurück. Und weil er einfach ratlos war, zog er auf den großen Berg zu, der sich am Horizont abzeichnete, und vertraute auf sein Glück.

ERZÄHLER/IN 1: Je näher sie dem Berg kamen, desto häufiger dachte Wassermann bei sich:

WASSERMANN: Der Berg zieht mich an wie damals der Fluss. Er zieht mich immer stärker an, je näher ich komme. Ich will ihn wohl besteigen.

ERZÄHLER/IN 2: Am Fuße des Berges lagerten sie; und Wassermann wollte auf den Berg steigen. Weil er aber Furcht hatte, dass sie ihn nicht ziehen lassen würden, machte er wieder ein Geheimnis darum. Eine Wegstunde führte er sein Volk aufwärts, dann zog er eine Linie und sagte:

WASSERMANN: Diese Linie ist die Begrenzung des heiligen Bezirks; wer sie überschreitet, ist des Todes. Höher dürft ihr also nicht steigen. Ich aber will auf den Gipfel des Berges klettern, und seine Heiligkeit soll euch nutzen.

ERZÄHLER/IN 1: Das beeindruckte die Leute, und ihre Ehrfurcht vor ihm wuchs, als er loszog. Wassermann stieg höher und höher. Bald ließ er die Pflanzen hinter sich zurück, dann die Vögel. Immer komischer wurde ihm zumute, und er glaubte, er habe mit der Heiligkeit des Berges und der Begrenzung des Bezirks wahr gesprochen. Unter ihm erhob sich eine Wolkendecke und entzog das Land seinen Blicken. Blitze zuckten hinter ihm, Donner umgab ihn, die Knie wollten ihm den Dienst versagen, und er war nahe daran, sich einfach fallen zu lassen. Er glaubte, sein letztes Stündlein habe geschlagen. Und als er mehr tot als lebendig war, sah er eine Wiese. Darauf stand ein Haus, Vögel sangen und Blumen blühten im Garten. Eine Hecke wuchs darum und aus dem Haus trat eine Frau, wie er schöner noch keine gesehen hatte.

ERZÄHLER/IN 2: Zwei Sterne waren ihre Augen, die Haare glichen dem Licht; ihr Gewand aber hatte ein stumpfes graues Aussehen. Wenn man ganz genau hinsah, konnte man vielleicht erahnen, dass es einst weiß gewesen sein mochte. Sie winkte Wassermann heran, bat ihn ins Haus und bewirtete ihn aufs köstlichste. Als er wieder bei Sinnen war, bemerkte er ihren traurigen Ausdruck und sprach sie an:

WASSERMANN: Wer bist du, und was ist dir, dass du so traurig bist? Wenn ich es vermag, will ich alles tun, um deine Augen strahlen und deine Lippen lachen zu lassen.

ERZÄHLER/IN 1: Die Frau antwortete darauf:

FRAU: Einen Namen habe ich nicht, und wer ich bin, das musst du selber herausfinden. Aber wenn du mein Gewand weiß und meine Augen strahlend machst, dann gehöre ich dir.

WASSERMANN: Was muss ich dafür tun?

FRAU: Erinnere dich an die Kröte!

ERZÄHLER/IN 2: So lautete ihre Antwort; und damit ging sie aus dem Haus. Wassermann fand Essen und Trinken auf dem Tisch, so Wundersames, dass er weder Hunger noch Durst verspürte. Er setzte sich in den Garten und schaute in die Wolken unter sich, die Luft um sich und in den Himmel über sich. Und wie er so schaute, vergaß er sich.

ERZÄHLER/IN 1: Und viel Großes kam ihm, wie von ganz selber, in den Sinn. Er dachte bei sich:

WASSERMANN: Mein Volk braucht eine Mitte, die ihm eine Eigenheit gibt, und eine Form, die es zusammenhält.

ERZÄHLER/IN 1: Und ohne dass er wusste, wie und womit, schrieb er nieder:

WASSERMANN: Die Mitte unseres Volkes ist der eine Gott und seine Verehrung; seine Wohltaten kommen allen in unserem Einflussbereich zugute, gleich ob Mann oder Frau, Herr oder Diener, Vieh oder Fremde. Darum ist auch jedermann frei geboren in unserem Volk, und wir erkennen niemand als Herrn über uns an als Gott. Unsere Form ist das Leben in der Familie; darum werden das Verhalten von Ehefrau zu Ehemann und von Kindern zu Eltern besonders geschützt. In Frieden sollen alle zusammenleben, deshalb darf niemand einem anderen das Leben nehmen, keinem freien und keinem unfreien Menschen; und damit niemand in Versuchung kommt, mit anderen zu kämpfen, ist das Eigentum eines jeden unantastbar, und vor Neid soll jeder sich hüten. Gibt es dennoch einmal Streit, soll der Richter entscheiden, und ein jeder muss vor Gericht wahrhaftig aussagen.

ERZÄHLER/IN 2: Wassermann schrieb darüber und schrieb viele Seiten lang. Als er wieder um sich blickte, vermeinte er, geträumt zu haben. Und hielte er nicht die beschriebenen Seiten in den Händen, er hätte nicht gewusst zu sagen, was Wirklichkeit und was Traum gewesen war. Und selbst mit dem Beweis in den Händen war er sich nicht völlig sicher.

ERZÄHLER/IN 1: Plötzlich stand die Frau neben ihm, angetan mit einem Gewand, so strahlend hell, er musste die Augen schließen. Sie sagte zu ihm:

FRAU: Lass uns ins Haus gehen und glücklich sein; und niemand soll unser Glück hier stören!

ERZÄHLER/IN 1: Sie nahm ihn an der Hand und sagte:

FRAU: Komm!

ERZÄHLER/IN 2: Als er die Stimme hörte, die immer noch traurig war, blieb ihm sein Jubel im Halse stecken. Aber er dachte bei sich:

WASSERMANN: Fast habe ich sie für mich gewonnen, den Rest will ich wohl auch noch schaffen.

ERZÄHLER/IN 1: Sie führte ihn bergab; sie gingen durch die finsterste Nacht und die dunkelsten Gewitterwolken. Doch die Blitze erhellten den Weg und ihr Gewand leuchtete. Ja, es schien ihm so, als wollten die Blitze den Weg zeigen oder als nähmen sie ihr Licht vom Gewand. Sie gingen bis unter die Wolken. Wassermann fragte:

WASSERMANN: Woher kommen die Hütten? Und was sind das für zwei große Häuser?

FRAU: Das ist die Stadt deines Volkes.

WASSERMANN: Wie können sie in so kurzer Zeit eine so große Stadt bauen?

FRAU: In den Höhen ist der Tag gleich dem Jahr. Du bist Jahr und Tag oben geblieben; viele haben dich vergessen. Sie müssen wohnen, also haben sie Hütten gebaut.

WASSERMANN: Und die beiden großen Häuser?

FRAU: Im einen wohnt der König, das andere ist das Haus der alten Götter.

WASSERMANN: Aber das ist doch gegen alle Vernunft! Zu Hause haben sie gemurrt, jetzt schaffen sie hier dieselbe Situation!

FRAU: Weißt du jetzt, warum ich so traurig bin?

WASSERMANN (*ERREGT*): Aber meine Verfassung! Das ist Verrat! Hochverrat und Gotteslästerung ist das!

ERZÄHLER/IN 2: Schreiend, seine beschriebenen Blätter von sich werfend, wütend und zeternd lief er in die Stadt und durch die Gassen.

WASSERMANN (*ERREGT*): Verrat! Gräuel! Schandtat! Wer für mich ist, folge mir!

ERZÄHLER/IN 1: Erst erkannten ihn wenige und folgten ihm, dann immer mehr, und sie erschlugen den König und seine Diener und zerstörten den Königssitz und den Tempel und seine Götzenbilder. Wohl an die dreitausend Mann blieben tot an diesem Tag.

WASSERMANN: Frei seid ihr, und frei sollt ihr bleiben!

ERZÄHLER/IN 1: ... rief Wassermann über die jubelnde Menge. Und wie er so über die Köpfe hin sah, meinte er, im Sonnenlicht das Gewand der Frau leuchten zu sehen, und ihre Augen funkelten ihn an aus den Augen seiner Leute. Da begriff er. Die Gesetze schrieb er neu, das Volk nahm sie an und liebte sie; und in diesem und den folgenden Jahren hörte man niemanden murren im Tal am Fuß des Gesetzesberges, wie man ihn nannte. Und wenn sie nicht gestorben sind, murren sie vielleicht heute immer noch nicht.

ERZÄHLER/IN 2: Und die Moral von der Geschichte:

ERZÄHLER/IN 1: Der Berg offenbart Perspektiven für die Gemeinschaft; es soll aber nur nach oben, wer sich selber schon einmal gesehen hat.

ERZÄHLER/IN 2: Oben ist es gut sein, und man verliert sich dort leicht, vergisst Zeit und Raum. Vergesst euch nicht!

ERZÄHLER/IN 1: Was der Berg offenbart, ist nicht eindeutig. Die Grenze zwischen Wahrheit und Traum gilt für ihn nicht. Darum müsst ihr die Wahrheit an der Wirklichkeit beweisen.

ERZÄHLER/IN 2: Gelebt wird im Tal. Und wisset: Im Tal gibt es Schuld und Sünde, Leidenschaft und Blut, Größe und kleinliche Feigheit, Liebe und Hass, Versöhnung und Tod, Gut und Böse, mit einem Wort: Leben. Über allem lässt Gott seine Sonne aufgehen und untergehen. Ihr Menschen des Berges, seid großzügig und steht auf der Seite der Menschlichkeit! Und wer unten geblieben ist, der höre auf die Rede derer, die von oben herunterkommen.

Bergwanderungen, 2. Teil: Auf biblischen Bergen

Worum es geht: Fortsetzung von Teil 1
Personen: 5 (Rufer/innen 1–3, Sprecher/innen 1+2)
Sprechdauer: ca. 6 Minuten

(*DREI RUFER/INNEN SIND IM RAUM UNTER DEN TEILNEHMER/INNEN VERTEILT; SIE SCHREIEN IHRE BOTSCHAFT LAUT HERAUS.*)

1. RUFER/IN: Wer von Gott alles erwartet und nichts von sich, der ist Bürger im Reich Gottes!

2. RUFER/IN: Wer keine Gewalt anwendet, der verwirklicht die Herrschaft Gottes!

3. RUFER/IN: Wer Frieden stiftet, der verwirklicht die Herrschaft Gottes!

1. RUFER/IN: Die Trauernden, die ungerecht Verfolgten, die sind Bürger im Reich Gottes!

2. RUFER/IN: Wer für Gerechtigkeit eintritt, der verwirklicht die Herrschaft Gottes!

3. RUFER/IN: Solche Leute geben dem Leben den richtigen Geschmack; sie sind das Licht der Welt, das allen den Weg erleuchtet!

SPRECHER/IN 1: Kommt euch das bekannt vor? Das ist der Anfang der berühmten Bergpredigt. Diese gilt als die Konstitution, die Verfassung oder das Grundgesetz des Reiches Gottes oder des neutestamentlichen Gottesvolkes. Nehmt euch die Begriffe heraus, die ihr am liebsten dafür gebraucht.

SPRECHER/IN 2: Matthäus hat als Ort dieser Rede einen Berg gewählt. So wie das alte Gottesvolk seine Verfassung auf einem Berg bekam, dem Gesetzesberg, dem Sinai, so bekommt das neue Volk Gottes seine Verfassung auch auf einem Berg verkündet. Der inhaltliche Unterschied wird von einem formalen verdeutlicht: Damals durfte niemand diesen Berg betreten, nur Mose; denn er galt als den von Gott Auserwählten vorbehalten. Bei Matthäus dürfen alle Leute den Berg betreten, denn alle sind gleichermaßen heilig; ausgegrenzte Bezirke gibt es nicht mehr. Und die Offenbarung geschieht auch nicht mysteriös mit Donner und Blitz, den Blicken durch Wolken entzogen, sondern in einfacher Rede. Und die klingt dann so:

1. RUFER/IN: Mose hat das nackte Leben der Volksgenossen geschützt: Du sollst nicht töten! Ich aber schütze auch die Persönlichkeit, denn sie ist heilig, weil von Gott geliebt. Du darfst noch nicht einmal jemanden einen Dummkopf oder gottlosen Narren nennen! Gehe nicht im Streit vor Gottes Altar und schließe Frieden mit deinem Nachbarn, statt zum Richter zu laufen.

2. RUFER/IN: Mose hat die Familie geschützt, indem er Ehebruch bestrafte und die genauen Regeln für eine Scheidung festsetzte. Ich aber schütze auch die Persönlichkeit der Personen in der Ehe. Wer andere als Lustobjekt auch nur ansieht oder wer sich scheiden lässt ohne triftigen Grund, der vergeht sich an der Heiligkeit der Person.

3. RUFER/IN: Rede klar und deutlich die Wahrheit! Bestehe nicht auf Vergeltung, sondern verzeihe! Liebe auch diejenigen, die dich nicht lieben! Das alles könnt ihr tun, weil Gott euch liebt.

1. RUFER/IN: Gebt Almosen um der Armen willen und nicht, damit die Leute euch sehen und loben. Betet schlicht und

einfach das Vaterunser und prahlt nicht damit, damit die Leute eure Frömmigkeit loben. Wenn ihr fasten wollt, fastet; aber tut es, weil ihr es wollt, und nicht, damit die Leute euch loben.

2. RUFER/IN: Sorgt euch um das Reich Gottes, alles andere ist Zugabe! Richtet nicht andere, und habt Vertrauen zu Gott! Ihr könnt alles seiner Liebe überlassen.

3. RUFER/IN: Das ist die Verfassung des neuen Volkes. In der Mitte steht immer noch der eine Gott und seine Verehrung, dessen Wohltaten allen zukommen wie bei Mose. Aber es ist nicht mehr nur der starke Gott, der machtvolle Taten tut, sondern vor allem der liebende; und es steht ihm nicht ein auserwähltes Volk gegenüber mit begrenztem Einflussgebiet, sondern der Anspruch ist universal.

SPRECHER/IN 1: Mitglied dieses Volkes wird man/frau nicht durch Geburt, sondern dadurch, dass man/frau Gottes Willen tut. Das ist der Knackpunkt: Die Mitgliedschaft ist freiwillig. Wer dazugehören will, hält sich an das Grundgesetz der Herrschaft Gottes. Wer sich nicht daran halten will bzw. anders leben will, mag das tun, aber dann gehört er oder sie aus eigenem Willen nicht dazu – mit allen Konsequenzen, die ein Akt des freien Willens beinhaltet. Wie das im Leben Jesu aussieht, schauen wir uns jetzt noch an, indem wir uns von Berg zu Berg begeben.

1. RUFER/IN: Der Ölberg. (*LAUT*) Mein Vater, wenn es möglich ist, gehe dieser Kelch an mir vorüber! Aber nicht wie ich will, sondern wie du willst!

SPRECHER/IN 2: Das ist die Nagelprobe für Jesus selber, sozusagen die zweite Versuchung. Er kann sagen: „Ich steige aus." Damit hätte er sich zwar gegen das von ihm selber verkündete Prinzip gewandt, aber vermutlich überlebt. Er entscheidet anders: „Ich halte es für gut und richtig zu tun, was Gott von mir will." Der Angstschweiß läuft ihm dabei in solchen Strömen, als würde er bluten. Das ist die Demut der

Christenmenschen: sich selber sehen, Angst haben und dennoch darauf verzichten, sein Geschick selber steuern zu wollen. Das Wichtige kommt von Gott, nicht von den Menschen.

2. RUFER/IN: Die Schädelhöhe, Golgota. Hier wird Jesus hingerichtet. Es gibt eine Tradition der Verehrung des Christus als König, die das erhöhte Hängen am Kreuz vergleicht mit dem erhöhten Sitzen auf einem Thron. Und dann kommt von Jesus der Satz: Vergib ihnen, denn sie wissen nicht, was sie tun.

SPRECHER/IN 2: Außerdem gibt es da noch jenen namenlosen Berg in Galiläa:

3. RUFER/IN: Hier erhalten die Jünger den weltweiten Verkündigungsauftrag, und Jesus entschwindet. Und wenn ihr bei „Himmelfahrt" das Wort „Himmel" durch „Gott" ersetzt, dann entschwebt Jesus nicht raketengleich in die Stratosphäre, sondern er wird zu Gott aufgenommen.

SPRECHER/IN 2: Das ist ein Eilmarsch über die Gipfel des Neuen/Zweiten Testaments gewesen. Vieles haben wir weggelassen, vieles wäre noch zu sagen.

SPRECHER/IN 1: Die Verfassung für das Reich Gottes wird auf einem Berg gegeben.

SPRECHER/IN 2: Ihr Verkünder, Jesus, wird auf einem Berg geprüft, ob er sich an diese Verfassung hält.

SPRECHER/IN 1: Durch den Kreuzestod, wieder auf einem Berg, werden die Grundvoraussetzungen für das neue Gottesvolk geschaffen.

SPRECHER/IN 2: Und auf dem galiläischen Berg wird nicht nur die Grenze für das Volk gezeigt, nämlich die ganze Welt, sondern auch alles in unsere Hände gelegt. Jesus, auch der auferstandene Jesus, überlässt uns Menschen sein Vermächtnis.

SPRECHER/IN 1: Also, es kann bei aller Beschwernis und Gefahr nicht so ganz falsch sein, sich auf das Abenteuer Berg einzulassen.

Beten, 1. Teil: Verschiedene Gebetserfahrungen

Worum es geht: Einen Zugang finden zur Kommunikationsform „Gebet“

Personen: 10 Personen (Sprecher/in 1+2, Autofahrer/in, Abendgebet, Meditierender, Stimme, Psalmist, Beter/in, Thomas Morus, Teresa von Avila)

Sprechdauer: ca. 8 Minuten

SPRECHER/IN 1: Hey Leute, alle mal herhören, Zeit zum Beten! Ja, ihr habt richtig gehört: Zeit zum Beten – oder besser gesagt: sich mit dem Thema „Beten“ zu beschäftigen. „Beten“ wird diesmal das Thema unseres geistlichen Impulses sein.

SPRECHER/IN 2: Die ersten Gedanken, die mir zum Thema Beten kommen, hören sich ungefähr so an: Beten – Vorsicht: sensibles Gebiet, Beten – damit kannst du heute keinem mehr kommen, Beten – wer tut das schon noch? Beten ist out.

SPRECHER/IN 1: Na ja, vielleicht betet der eine oder die andere im stillen Kämmerlein, aber in Gemeinschaft oder in der Öffentlichkeit beten, sodass es für alle stimmt, das wird doch meistens eher krampfig, und dann wird es schnell peinlich. Und überhaupt: Beten ist out. Wer tut das schon noch außer ein paar alten Frauen, die nichts Besseres zu tun haben … hm!

SPRECHER/IN 2: Ein paar Situationen fallen mir ein. Lasst sie uns in Szene setzen:

Szene Autounfall

(*JEMAND SITZT AUF EINEM STUHL, IN DEN HÄNDEN EIN IMAGINÄRES LENKRAD, DEN FUß AUF EINER IMAGINÄREN BREMSE, PANIK IM GESICHT.*) „Lieber Gott, hilf!“

SPRECHER/IN 1: Da schickt einer bei einem Autounfall ein Stoßgebet zum Himmel.

Szene Abendgebet

(*JEMAND SETZT SICH AUF EINEN STUHL, RÄUMT DIE AKTEN AUF EINEM IMAGINÄREN SCHREIBTISCH AUF, REKELT SICH AUF DER SUCHE NACH ENTSPANNUNG, LEGT DIE UHR AB.*)

SPRECHER/IN 1: „Am Ende / dieses langen Tages / lege ich ab / Bücher, / Briefe, / Akten / und die Uhr. Am Ende / dieses langen Tages / lege ich auf dich / Ängste, / Mühe, / Lust / und Trauer. Am Ende / dieses langen Tages / lege ich mich, / guter Gott, / in deinen Schutz und Frieden."

SPRECHER/IN 2: Jemand beschließt seinen Tag mit einem Gebet.

Szene Meditation

(*JEMAND SITZT IN MEDITATIONSHALTUNG IM RAUM. STIMME AUS DEM OFF:*)

OFF-STIMME: „Wir sitzen ganz entspannt, spüren unserem eigenen Atem nach, Om, Om."

SPRECHER/IN 1: Viele Leute meditieren. Meditation ist ihre Form von Gebet geworden.

SPRECHER/IN 2: Das waren einige Szenen zum Thema „Menschen beten", die mir eingefallen sind. Ich schätze, dass euch die Situationen bekannt vorkommen. Vielleicht fallen euch noch andere ein.

SPRECHER/IN 1: Wenn wir hier herumfragen würden, könnten wir sicher noch einige Szenen spielen. Wir alle kennen Situationen, in denen Menschen beten. Und je nachdem, wie es uns gerade geht, finden wir das witzig, befremdlich, eher komisch oder auch peinlich. Oder wir können uns in den betenden Menschen hineinversetzen, verstehen seine Situation und damit auch, warum er oder sie gerade jetzt so betet.

SPRECHER/IN 2: Vermutlich beobachten wir das nicht nur,

wenn andere Menschen beten, sondern kennen das auch von uns selbst. Sprich, es gibt oder gab Situationen in eurem und in meinem Leben, in denen es einfach passte zu beten. Es war einfach für den einen oder die andere „dran", aufgrund ihrer Stimmung oder Lebenslage ihre Beziehung zu Gott Sprache werden zu lassen. Und dann hat sie oder er zur richtigen Zeit auch die richtigen Worte gefunden.

SPRECHER/IN 1: Die Kehrseite sind die Situationen, in denen Beten unpassend erscheint, Situationen, in denen Beten peinlich wird. Besonders wenn es darum geht, gemeinsam mit anderen zu beten, ist es oft schwierig, einen Anfang und die richtigen Worte zu finden

SPRECHER/IN 2: Bleibt die Frage, was macht es eigentlich so schwierig? Ist Beten out? Passt das Gebet einfach nicht zu uns? Haben wir in normalen Lebenssituationen nichts mehr zu beten?

SPRECHER/IN 1: Vielleicht muss man auch noch grundsätzlicher fragen: Was ist das eigentlich: Beten?

SPRECHER/IN 2: Gut, setzen wir grundsätzlicher an, wagen wir einen Blick zurück in die Geschichte. Es zeigt sich, dass es aus allen Kulturen und allen geschichtlichen Epochen Zeugnisse dafür gibt, dass Menschen gebetet haben. Anlass und Inhalte dieser Gebete waren dabei sehr verschieden.

SPRECHER/IN 1: Schön und gut! Menschen haben zu allen Zeiten gebetet, aber warum?

SPRECHER/IN 2: Hören wir uns doch einfach einmal ein paar Beispiele an. Wenn wir chronologisch vorgehen und im Alten/Ersten Testament anfangen, finden wir mit dem Buch der Psalmen gleich eine ganze Gebetssammlung, sozusagen das Gebetbuch der Juden. Hier findet sich auch folgendes Gebet:

PSALMIST: Wie lange noch, Herr, verbirgst du dein Gesicht vor mir? Wie lange noch muss ich Schmerzen ertragen in meiner Seele, in meinem Herzen Kummer Tag für Tag? Wie lange noch darf mein Feind über mich triumphieren? Blick doch her, erhöre mich, Herr, mein Gott, erleuchte meine Augen, damit ich nicht sterbe! (Ps 13).

SPRECHER/IN 2: Hier klagt ein Mensch Gott sein Leid, gleichzeitig schwingen Enttäuschung und Wut mit über den Gott, der nicht hilft.

SPRECHER/IN 1: Als zweites Beispiel wäre dann ein Gebet aus dem Neuen/Zweiten Testament dran. Da gibt es eins, das ihr alle kennt, das „Vaterunser".

BETER/IN: Vater unser im Himmel, geheiligt werde dein Name. – dein Wille geschehe, dein Reich komme, unser tägliches Brot gib uns heute.

SPRECHER/IN 2: Hier werden Lob und Bitte miteinander verbunden. Diese Kombination findet sich häufig. Ein Gebet wird mit dem Lob Gottes eingeleitet, und dann bitten die Menschen um das, was sie zum Leben brauchen.

SPRECHER/IN 1: Lassen wir jetzt noch zwei Leute aus dem ausgehenden Mittelalter zu Wort kommen. Von Thomas Morus ist folgendes Gebet überliefert:

THOMAS MORUS: Schenke mir eine gute Verdauung, Herr, und auch etwas zum Verdauen. Schenke mir Gesundheit des Leibes mit dem nötigen Sinn dafür, ihn möglichst gut zu erhalten. Herr, schenke mir Sinn für Humor, gib mir die Gnade, einen Scherz zu verstehen, damit ich ein wenig Glück kenne im Leben und anderen davon mitteilen kann.

SPRECHER/IN 1: Bei Teresa von Avila, die für ihre Schwestern mehrere Gebetsanleitungen geschrieben hat, hört sich Beten so an:

TERESA VON AVILA: Herr meiner Seele! Als du noch in dieser Welt wandeltest, hast du den Frauen immer deine besondere Zuneigung bewiesen. Fandest du doch bei ihnen nicht weniger Glauben als bei den Männern. Die Welt irrt, wenn sie von uns verlangt, dass wir nicht öffentlich für dich wirken dürfen.

SPRECHER/IN 2: Wenn ich für diese beiden Gebete eine Überschrift finden müsste, würde ich sie unter dem Thema Alltagsgebete zusammenfassen. Ihr Inhalt ist bestimmt von den Themen, die für die Betenden bei der Bewältigung ihres Alltags wichtig waren.

SPRECHER/IN 1: Zum guten Schluss noch ein Gebetstext aus heutiger Zeit:

BETERIN: Ich kann nicht beten, Gott. Ich suche nach Worten, aber ich finde keine. Nur hohle Phrasen kommen mir in den Sinn. Gott, du bist in unendlicher Ferne. Ich habe dich verloren. Wo bist du? Wo soll ich dich suchen?

SPRECHER/IN 1: In diesem Gebet bringt ein Mensch seine Zweifel vor Gott. – Kehren wir von unserer Reise durch die jüdisch-christliche Gebetsgeschichte noch einmal zu unserem Ausgangspunkt zurück. Meine Situationsanalyse lautete: Beten ist out. Beten in Gemeinschaft ist schwierig und wird schnell peinlich. Aufgrund dieser Situationsanalyse kamen wir zu der Frage, was Beten eigentlich sei.

SPRECHER/IN 2: Die verschiedenen Gebete, die wir gehört haben, zeigen, dass Form, Art und Inhalt von Gebeten sehr unterschiedlich sein können und so verschieden sind wie die Menschen, die beten. Gebete haben Klage, Lob, Bitte, Zweifel oder Alltagsthemen oder -probleme zum Inhalt. Anders ausgedrückt: Unsere Glaubensgeschichte zeigt: Menschen reden mit Gott, wie ihnen der Schnabel gewachsen ist.

SPRECHER/IN 1: Wenn das so ist, dass Beten nichts anderes ist als eine Kommunikationsform, ein Gespräch mit Gott, und uns außerdem in der Gestaltung dieser Kommunikationsform keine Grenzen gesetzt sind, bleibt für mich die Frage, warum diese Kommunikationsform für uns so schwierig geworden ist. Doch dazu *nachher/morgen* mehr!

Beten, 2. Teil: Verschiedene Kommunikationsformen

Worum es geht: Fortsetzung von Teil 1
Personen: 10 (Sprecher/in 1+2, je viermal A+B)
Material: eventuell eine Bibel
Sprechdauer: ca. 12 Minuten

SPRECHER/IN 1: Hey, Leute, kommuniziert mal mit mir! Hört her! Wenn jetzt jemand sagt, das sei keine Form der Kommunikation, wenn einer redet und die anderen hören zu: Ihr hört ja nicht nur zu, ihr denkt euch etwas dazu, es gefällt euch oder nicht usw. Das alles drückt ihr durch eure Mimik, eure Haltung, euren Körper aus. Und ich sehe oder spüre und interpretiere es. Das ist auch Kommunikation. Klar, es handelt sich hier um eine Sonderform, und die lässt sich auch nicht stundenlang durchführen, aber immerhin.
Die intensivste Form der Kommunikation ist natürlich gemeinsames Leben und Handeln. Aber selbst dabei kommen wir nicht umhin, uns der Worte zu bedienen. Und wenn nicht der Worte, dann wenigstens leicht interpretierbarer Zeichen. Wenn wir uns darüber einig sind oder aber wenn ihr dies als Arbeitshypothese gelten lasst, dann kommen wir jetzt zum Thema: Beten!

SPRECHER/IN 2: Beten sei Kommunikation, damit haben wir *gestern/vorhin* aufgehört, Kommunikation zwischen Mensch und Gott. Also ist, laut unserer Arbeitshypothese, die beste Form des Gebetes das Leben und Handeln mit Gott: Arbeiten mit Gott, Feiern mit Gott, Lieben mit Gott, Sich-Ärgern mit Gott, Schlafen mit Gott, Beten – 24 Stunden am Tag.

SPRECHER/IN 1: Schöne oder schreckliche Vorstellung? Aber laut Arbeitshypothese kommen wir auch dabei nicht ohne Worte oder Zeichen aus. Und wie die strukturell geschaffen sind, das wollen wir euch nachfolgend zeigen.

Szene 1

Formelles Kommunizieren: Zwei Leute begegnen sich, ziehen den Hut, machen Diener oder Knicks, schütteln sich die Hand.

A: Ach, hallo!

B: Hi!

A: Wie geht's dir denn?

B: Gut. – Und selber?

A: Danke, auch. – Mmh, schönes Wetter, nicht wahr?

B: Ja, und so ungewöhnlich. Also, ich muss weiter. Man sieht sich.

A: Bestimmt. Ciao!

B: Tschüs!

(*ZWEI LEUTE SITZEN VOR EINEM TISCH MIT – IMAGINÄREN ODER REALEN – TELLERN UND TASSEN*)

A+B: Komm, Herr Jesus, sei unser Gast, und segne, was du uns bescheret hast! (*KREUZZEICHEN, ESSEN UND TRINKEN*)

A: Herr, wir danken dir für die Gaben ... (*KREUZZEICHEN VON BEIDEN*)

A+B: Amen.

SPRECHER/IN 2: Das war also eine sehr förmliche oder formelle Kommunikation. Die beiden bei der Begegnung hatten sich nichts zu sagen außer der Tatsache, dass sie sich kennen und nichts gegeneinander haben. Die beiden Esser hatten eine ähnliche Aussage gegenüber Gott.

SPRECHER/IN 1: Das muss nicht zwingend so sein. Wenn ich ein Vaterunser bete, ist das zunächst auch formelhaft. Trotzdem kann ich damit inhaltlich etwas ausdrücken. Aber wir wollen ja Strukturen deutlich machen, dafür müssen wir ein bisschen übertreiben. Also weiter geht's mit intellektuellem Auseinandersetzen.

Szene 2

Intellektuelles Kommunizieren

A: Denkend und handelnd, glaubend, hoffend und liebend bezeugt die Kirche Gott als den Schöpfer und Erlöser der Welt, der sich sowohl systematisch wie historisch in Jesus Christus der Welt offenbart hat.

B: Klar, das klingt absolut schlüssig und ist ohne Probleme nachzuvollziehen!

A: Ergo ist der trinitarisch gedachte Gott in Jesus Christus das asymptotische Woraufhin der unbegrenzten Transzendentalität des erkennenden Geistes und der Freiheit.

B: Zu kompliziert.

A: Also gut, rezipieren wir noch einmal, was Schrift, Lehramt und Tradition dazu ausgeführt haben! (*SCHLÄGT DIE BIBEL AUF:*) „Im Anfang war das Wort, und das Wort war bei Gott, und das Wort war Gott. Alles ist durch das Wort geworden, und ohne das Wort wurde nichts, was geworden ist." Klar?

B: Logo! Ich sag's zur Kontrolle mal mit meinen eigenen Worten: Gott war im Anfang von allem bereits da. Das Wort war auch da. Also, die beiden waren gemeinsam da, Gott und das Wort, ehe etwas anderes angefangen hat. Ursache und Wirkung sind immer nacheinander, erst die Ursache, dann die Wirkung.

A: Nein, das hat schon die spezielle Relativitätstheorie gezeigt, dass die zeitliche Abfolge nur eine Anschauungsfrage ist. Die Wirkung kann genauso gut vor der Ursache liegen. Der zeitliche Zusammenhang ist eben relativ, sehr speziell.

B: Du meinst also, das Wort wäre eventuell vor Gott gewesen? Das übersteigt mein Fassungsvermögen!

A: Er hat's kapiert!

SPRECHER/IN 1: Diese Form des Miteinanders dürfte bei uns *in unserem Verband* ziemlich häufig sein, sind wir doch gewohnt, alle Gegebenheiten mit dem Kopf zu analysieren und zu versuchen, sie zu verstehen. Aber wir kennen doch auch noch zwei andere.

Szene 3

Affektive Kommunikation: Jemand überreicht einer anderen Person ein Geschenk. Überraschtes Atemholen, Um-den-Hals-Fallen, Küssen, Streicheln. Wortlos.

(*JEMAND KOMMT HEREINGETOBT, JUBELND, TRILLERND, HALLELUJA SINGEND, TANZEND …*)

SPRECHER/IN 1: Hier geht's um ein Vermitteln von Gefühlen, nicht von Informationen. Das geschieht durch eine Mixtur von Zeichen, Bewegungen, Geräuschen, Aktionen und einzelnen Wörtern. Und wenn wir dieses noch eine Stufe vertiefen:

Szene 4

Personale Kommunikation: Pärchen kommt Hand in Hand, setzt sich nieder, gibt sich einen kurzen Kuss, sitzt zufrieden und wortlos beisammen.

(*MEDITIERENDER SETZT SICH AUF SEINE DECKE, SETZT SICH ZURECHT, BLICKT ZUM HIMMEL, VERNEIGT SICH ZUR ERDE UND ERSTARRT DANN IN SEINER HALTUNG.*)

SPRECHER/IN 2: Hier sind wir wieder an der Idealform dran. Die beiden verstehen sich wortlos. Sie sind beieinander, und sie geben sich ein kurzes Zeichen, dass sie davon wissen, dann verharren sie in der gegenseitigen Gegenwart.

SPRECHER/IN 1: Also noch einmal zusammengefasst: Es gibt vier prinzipielle Strukturen der Kommunikation und des Betens, die aufeinander aufbauen, oder besser gesagt: eine ist immer intensiver als die andere. Die erste gebraucht allgemein eingeführte Formen, Normen und Formulierungen; die zweite versucht verstandesmäßiges Durchdringen oder Ergänzen; die dritte teilt Emotionen, Affekte, Betroffenheiten und Bewegungen mit; die vierte vermittelt persönliche Gegenwart.

SPRECHER/IN 2: Jede Form hat ihre Berechtigung und ihre Situationen, in denen sie angewandt werden kann oder gar muss. Wenn ich im Laden ein Pfund Kaffee kaufen will, bleibt mein Kommunikationsniveau auf Stufe eins; wollte ich im Laden meinen augenblicklichen Gefühlshaushalt mitteilen, würde das Personal vermutlich die Männer mit den weißen Jacken rufen. Umgekehrt kann ich auf eine Gefühlsmitteilung einer anderen Person kaum mit einem: „Ja, mir geht's auch gut. Ciao!" antworten, wenn ich mit diesem Menschen jemals wieder etwas zusammen machen will.

SPRECHER/IN 1: Kommen wir zu der Ausgangsfrage, warum es so oft peinlich wird, wenn wir miteinander beten wollen. Die Antwort liegt auf der Hand: Meistens finden wir keine Kommunikationsebene, die uns in der Situation und angesichts der beteiligten Personen gemeinsam ist. Ich hätte es gerne formell und fühle mich von den Affekten anderer belästigt; oder ich hätte es gerne tief gehend existentiell, die anderen fühlen sich davon angenervt. Oder die anderen hätten es gerade gerne formell, ich bräuchte aber gerade mehr Gefühl und so weiter. Theoretisch müsste das vorher abgeklärt werden, jeder müsste seine eigene augenblickliche innere Lage preisgeben. Und ein solches Bekenntnis, öffentlich noch dazu, das ist ja für uns nur schrecklich. Und wenn dann doch jemand sich genötigt fühlt anzufangen, tja, dann wird es halt wieder leicht peinlich.

SPRECHER/IN 2: Aber ganz so hilflos sind wir den Unbilden des Seelenlebens auch nicht ausgeliefert. Wenn man beispielsweise in einen Gemeindegottesdienst geht, wird es normalerweise nicht peinlich – langweilig vielleicht, unangenehm, nervig, störend oder sonst etwas, aber nicht peinlich. Jeder Mann und jede Frau wissen, bevor sie losgehen, was sie erwartet. Und darüber und über ihre Haltung dazu braucht niemand ein Bekenntnis abzulegen. Die Selbstverständlichkeit, die macht es aus, die Selbstverständlichkeit in der Kirche, die Selbstverständlichkeit, wenn eine „öffentliche" Person anfängt zu beten, die Selbstverständlichkeit der Tradition, des Ortes, der Form oder der Gelegenheit. Plausibilitäten schaffen heißt das Geheimnis, und wenn diese Aussage auch nicht nach sehr viel klingt, so ist sie wohl trotzdem die wichtigste, die wir zu dieser Frage machen können.

Wo wohnt Gott?

Worum es geht: Gott wohnt „in zwischen über unter und bei den Menschen".

Personen: 7 (Sprecher/in, Buddhist, Hindu, Moslem, Jude, Christ/in 1+2)

Sprechdauer: ca. 4 Minuten

SPRECHER/IN: Wo wohnt eigentlich Gott?

BUDDHIST: Ganz innen in der Seele, in der Tiefe des Herzens, antworte ich als Buddhist. Und deshalb versenken wir uns in der Meditation bis an den Ort, an dem alles durchsichtig wird bis auf den Grund.

HINDU: In der Schönheit der Dinge und in der Erotik zwischen Mann und Frau, antworte ich als Hindu. Und deshalb gestalten wir unsere Tempel und unsere Feste als Lobpreis der Schönheit und aller Lebewesen.

MOSLEM: Im Himmel jenseits der Höhe des Firmamentes, sage ich als Moslem. Und deshalb bauen wir unsere Moscheen so, dass deren Dachkuppel das blaue Himmelszelt weit über uns abbildet.

JUDE: Im Volk Gottes auf dem Weg, sage ich als Jude. Und

deshalb hat er sich uns im Gesetz offenbart, das das Zusammensein der Menschen regelt und ordnet.

SPRECHER/IN: Und was sagen die Christen?

1. CHRIST/IN: Dies alles antworten wir auch und fügen noch hinzu: „und in jedem einzelnen Menschen, wie groß oder klein, wichtig oder unbedeutend, erfolgreich oder gescheitert er auch sein mag". Denn so haben wir es gelernt von Jesus von Nazaret.

2. CHRIST/IN: Bezeichnet euch doch bitte einmal mit dem Erkennungszeichen unseres Glaubens, mit dem Zeichen des Kreuzes! Wenn wir so die Hand an die Stirn führen, dann sagen wir zuerst: „Im Namen des Vaters".

1. CHRIST/IN: Wir meinen damit Gott, der über uns in unzugänglichem Licht wohnt und den kein Mensch je gesehen hat, der der ganz andere ist, von dem wir uns kein Bild zu machen vermögen und von dem in der Hl. Schrift sogar steht, dass es schrecklich ist, in seine Hände zu fallen.

2. CHRIST/IN: Dann sagen wir: „und des Sohnes" – und führen die Hand zum Herzen hinunter. Von der Symbolik her wäre es noch besser, wir führten sie bis zum Leib; denn wir bezeichnen damit Gott, der zu den Menschen und in die Tiefen des menschlichen Lebens hinabgestiegen ist und bei uns und unter uns gelebt hat.

1. CHRIST/IN: Schließlich sagen wir: „und des Heiligen Geistes" – und führen die Hand zu unseren beiden Armen und um den Bereich des Herzens. Wir bezeichnen damit Gott, der bei uns ist alle Tage bis ans Ende der Welt und der unsere Hände und unser Herz bewegt.

SPRECHER/IN: Gut und schön, aber ist das nicht ein bisschen weit hergeholt? Ist das nicht nur eure Privatmeinung?

1. CHRIST/IN: Überhaupt nicht! Das gab's schon vor 500 Jahren. Da hat am Beginn der Neuzeit ein Heiliger, Ignatius von Loyola, es in der Sprache seiner Zeit genauso ausgedrückt. Der sagte:

2. CHRIST/IN: „Wenn wir das heilige Kreuzzeichen machen, legen wir die Finger der Hand zunächst an das Haupt: das bedeutet Gott den Vater, der von niemandem ausgeht. Dann berühren unsere Finger den Leib: das bedeutet den Sohn, unseren Herrn, der vom Vater gezeugt wird und in den Leib der heiligen Jungfrau Maria hinabstieg. Dann legen wir die Finger an die eine und die andere Schulter: das bedeutet den Heiligen Geist, der da ausgeht vom Vater und vom Sohn. Und endlich, wenn wir unseren Mund mit dem Kreuzzeichen siegeln, so sagt dies: in Jesus, unserem Heiland und Erlöser, wohnt der Vater, der Sohn, der Heilige Geist, ein einziger Gott, unser Schöpfer und Herr."